Published by Collins Educational
An imprint of HarperCollins *Publishers* Ltd
77-85 Fulham Palace Road
London W6 8JB

www.**Collins**Education.com
On-line support for schools and colleges

© Derek Newton and David Smith 2003
First published 1978
This edition published in 2003
10 9 8 7 6

ISBN-13 978-0-00-717713-4

ISBN-10 0-00-717713-5

The authors assert the moral right to be identified
as the authors of this work.

British Library Cataloguing in Publication Data
A catalogue record for this book is available from
the British Library.

Printed by Printing Express Ltd, Hong Kong

Addition

A

1+1 = ☐	2+3 = ☐	2+2 = ☐	3+2 = ☐	4+1 = ☐
2+4 = ☐	1+0 = ☐	3+4 = ☐	1+3 = ☐	2+5 = ☐
3+3 = ☐	1+2 = ☐	5+4 = ☐	2+0 = ☐	1+4 = ☐
1+5 = ☐	6+2 = ☐	2+6 = ☐	1+6 = ☐	4+4 = ☐
3+6 = ☐	1+7 = ☐	3+0 = ☐	6+3 = ☐	8+1 = ☐
2+7 = ☐	4+5 = ☐	1+8 = ☐	3+5 = ☐	4+0 = ☐
7+1 = ☐	5+0 = ☐	7+2 = ☐	6+0 = ☐	6+1 = ☐

B

1	1	0	1	0	2
+1	+2	+1	+3	+2	+1

1	2	0	3	2	1
+4	+2	+3	+1	+3	+5

1	2	4	3	2	4
+6	+4	+4	+2	+5	+5

2	0	3	2	1	3
+7	+7	+4	+6	+8	+5

4	8	0	1	4	9
+3	+1	+8	+7	+2	+0

C

1 plus 2	3 add 5	4 more than 3
3 more than 6	2 add 4	6 plus 1
7 plus 2	4 add 4	3 more than 2
2 add 6	1 more than 8	4 plus 3
2 more than 2	5 plus 4	3 add 1

Addition

A

21	35	46	51	65
+14	+12	+13	+16	+11

30	40	38	38	20
+26	+39	+10	+21	+30

15	14	22	50	42
+43	+35	+25	+36	+42

55	28	33	62	71
+34	+40	+43	+27	+27

B

$22+15=\square$ $13+44=\square$ $52+15=\square$

$40+16=\square$ $11+10=\square$ $40+20=\square$

$15+34=\square$ $58+11=\square$ $38+50=\square$

$61+27=\square$ $37+10=\square$ $41+58=\square$

$13+86=\square$ $11+12=\square$ $14+63=\square$

$32+34=\square$ $41+47=\square$ $25+53=\square$

C

11 plus 12	Add 13 to 26	Add 10 to 16
15 plus 44	20 plus 30	Add 26 to 72
Add 15 to 23	Add 38 to 60	40 plus 40
55 plus 24	62 plus 25	Add 34 to 44

Addition

A

3+8 = ☐	6+5 = ☐	7+6 = ☐	10+2 = ☐	2+9 = ☐
8+4 = ☐	5+7 = ☐	6+8 = ☐	4+7 = ☐	9+8 = ☐
9+6 = ☐	10+3 = ☐	4+8 = ☐	8+8 = ☐	6+10 = ☐
10+4 = ☐	7+7 = ☐	10+5 = ☐	5+9 = ☐	10+6 = ☐
1+9 = ☐	5+8 = ☐	9+2 = ☐	8+7 = ☐	10+8 = ☐

B

```
   4        5       10        8        9        6
  +7       +8       +4       +3       +5       +5
 ----     ----     ----     ----     ----     ----

  10        8        7        3        4        1
  +6       +7       +6       +9       +8       +9
 ----     ----     ----     ----     ----     ----
```

C

3+6+5 = ☐	4+5+8 = ☐	2+3+6 = ☐
6+4+5 = ☐	6+3+7 = ☐	3+9+7 = ☐
7+7+4 = ☐	6+2+5 = ☐	1+9+8 = ☐
3+5+4 = ☐	10+4+5 = ☐	9+6+2 = ☐

D

```
   3        2        9        2        3        2
   7        8        3        8        9        5
  +6       +5       +4       +7       +7       +9
 ----     ----     ----     ----     ----     ----

   6        7        8        6        9        5
   5        3        4        7        1        5
  +8       +7       +5       +4       +9       +6
 ----     ----     ----     ----     ----     ----
```

Addition

A

3	6	4	5	8
+28	+16	+37	+26	+36

35	48	56	68	29
+7	+8	+7	+9	+5

46	57	79	28	85
+5	+8	+4	+5	+9

5	7	8	9	6
+15	+23	+52	+63	+89

B

16	14	11	18	19
+25	+28	+19	+27	+18

24	25	33	46	38
+38	+35	+29	+27	+37

65	34	54	67	58
+29	+28	+36	+17	+39

C

Add 7 to 25   28 plus 8   Add 9 to 37

25 plus 9   34 add 8   Add 8 to 43

D

19 plus 14   Add 15 to 36   38 plus 27

23 add 29   47 plus 16   Add 36 to 29

Addition

A

4+27 = ☐	6+14 = ☐	8+19 = ☐
3+37 = ☐	8+25 = ☐	7+23 = ☐
5+38 = ☐	4+36 = ☐	5+27 = ☐
8+22 = ☐	6+46 = ☐	3+49 = ☐
6+37 = ☐	5+29 = ☐	6+34 = ☐
9+44 = ☐	3+58 = ☐	2+68 = ☐
7+58 = ☐	1+89 = ☐	9+57 = ☐

B

16+24 = ☐	23+19 = ☐	18+26 = ☐
19+29 = ☐	28+38 = ☐	47+25 = ☐
25+15 = ☐	34+29 = ☐	33+17 = ☐
18+34 = ☐	45+17 = ☐	29+21 = ☐
39+28 = ☐	56+29 = ☐	47+47 = ☐
57+33 = ☐	38+38 = ☐	56+28 = ☐

C

Add 29 to 9	43 plus 7	Add 25 to 15
Add 12 to 9	Add 6 to 39	2 plus 78
56 plus 8	To 49 add 6	4 plus 66

What is seventy-nine plus five?

D

17 plus 13	To 29 add 26	12 plus 78

What is thirty-eight add thirty-eight?

Add 29 to 38	44 plus 26

What is the total of fifty-six and seventeen?

Addition

7

Addition

A

5	3	2	7	8
8	4	9	3	6
+24	+36	+31	+28	+35

4	22	18	4	7
7	8	7	29	35
+26	+5	+2	+6	+7

B

6	5	8	4	8
7	9	7	9	6
+18	+27	+35	+29	+36

8	7	27	37	8
16	18	7	9	46
+7	+9	+6	+8	+7

C

15	26	32	43	34
3	4	9	16	25
+36	+35	+16	+8	+9

D

28	46	59	63	37
9	7	27	19	28
+17	+28	+8	+8	+6

E

26	48	32	15	34
15	16	26	29	17
+24	+27	+17	+36	+39

Subtraction

A

4−1 = ☐	5−2 = ☐	6−2 = ☐	7−3 = ☐	8−1 = ☐
9−2 = ☐	6−4 = ☐	7−2 = ☐	5−1 = ☐	1−1 = ☐
7−4 = ☐	8−6 = ☐	9−4 = ☐	6−5 = ☐	9−0 = ☐
3−2 = ☐	4−0 = ☐	6−1 = ☐	9−7 = ☐	8−5 = ☐

B

2	4	5	6	4	7
−1	−2	−3	−2	−4	−6

9	5	8	7	9	8
−0	−1	−3	−0	−9	−5

7	1	9	7	8	6
−4	−0	−2	−5	−2	−5

C

5+☐ = 6	6−1 = ☐	6−5 = ☐
☐+2 = 7	7−☐ = 5	7−2 = ☐
8+1 = ☐	9−1 = ☐	9−☐ = 8
☐+3 = 9	9−☐ = 6	9−3 = ☐

D

From 7 take 4	From 9 take 1
Take 3 from 9	8 minus 3
9 minus 9	Subtract 4 from 8
From 6 take 3	Take 7 from 9
5 minus 0	Take 2 from 6

Subtraction

A

26	34	17	28	35	39
−3	−2	−5	−6	−1	−7

27	16	23	48	39	55
−7	−6	−1	−3	−9	−2

B

32	57	43	66	88	75
−21	−23	−22	−25	−34	−31

36	48	53	27	35	56
−16	−28	−31	−20	−25	−40

C

$26 - 14 = \Box$ $37 - 13 = \Box$ $49 - 18 = \Box$

$48 - 16 = \Box$ $57 - 12 = \Box$ $65 - 11 = \Box$

D

$42 - 21 = \Box$ $67 - 35 = \Box$ $78 - 31 = \Box$

$27 - 17 = \Box$ $55 - 45 = \Box$ $92 - 70 = \Box$

E

From 28 take 5   39 minus 6

Take 18 from 38   From 56 take 30

From 55 take 25   82 minus 60

Subtract 6 from 26   Subtract 21 from 32

90 minus 30   27 minus 7

Take 32 from 53   Subtract 10 from 60

Subtraction

A
$10-7=\boxed{}$ $11-4=\boxed{}$ $12-5=\boxed{}$ $13-6=\boxed{}$ $11-2=\boxed{}$
$14-6=\boxed{}$ $10-2=\boxed{}$ $13-4=\boxed{}$ $10-5=\boxed{}$ $12-3=\boxed{}$

B

10	11	12	10	11	10
−3	−5	−4	−5	−3	−6

13	12	10	14	13	14
−8	−6	−2	−7	−9	−5

C

20	30	20	30	40	30
−16	−24	−17	−28	−36	−25

D

20	30	20	30	20	30
−8	−18	−4	−14	−7	−17

30	40	30	40	40	50
−12	−26	−19	−23	−28	−35

E   Take 3 from 12   11 minus 6   From 15 take 7
        12 minus 7   From 13 take 9   14 minus 5

F
$10-\boxed{}=2$ $12-\boxed{}=8$ $13-\boxed{}=4$
$13-\boxed{}=9$ $20-14=\boxed{}$ $20-8=\boxed{}$
$20-12=\boxed{}$ $40-35=\boxed{}$ $30-16=\boxed{}$
$50-25=\boxed{}$ $40-22=\boxed{}$ $50-30=\boxed{}$

Subtraction

A

31	34	45	43	52	66
−12	−17	−28	−26	−37	−48

42	53	67	73	92	85
−16	−27	−39	−45	−64	−58

54	91	62	86	73	56
−18	−53	−25	−49	−34	−17

93	33	65	96	53	84
−47	−15	−37	−48	−19	−25

B

$32-13 =$ ☐ $35-18 =$ ☐ $46-27 =$ ☐
$63-45 =$ ☐ $71-54 =$ ☐ $84-66 =$ ☐
$44-17 =$ ☐ $52-24 =$ ☐ $65-36 =$ ☐
$88-59 =$ ☐ $93-65 =$ ☐ $77-48 =$ ☐
$55-16 =$ ☐ $66-28 =$ ☐ $91-57 =$ ☐
$76-38 =$ ☐ $82-44 =$ ☐ $98-59 =$ ☐

C

From thirty-two take fourteen.
Subtract nineteen from thirty-seven.
Take 27 from 96.
By how many is eighty greater than forty-five?
Subtract thirty-one from seventy.
What is the difference between 75 and 19?
How much is 54 less than 80?
How much is 91 greater than 68?

Multiplication

A

$1 \times 2 = \square$

$4 \times 2 = \square$

$7 \times 2 = \square$

$10 \times 2 = \square$

$2 \times 2 = \square$

$5 \times 2 = \square$

$8 \times 2 = \square$

$11 \times 2 = \square$

$3 \times 2 = \square$

$6 \times 2 = \square$

$9 \times 2 = \square$

$12 \times 2 = \square$

B

$\square \times 2 = 6$

$\square \times 2 = 12$

$\square \times 2 = 24$

$\square \times 2 = 10$

$\square \times 2 = 2$

$\square \times 2 = 16$

$\square \times 2 = 14$

$\square \times 2 = 20$

$\square \times 2 = 22$

C

2 twos = $\square$

10 twos = $\square$

12 twos = $\square$

6 twos = $\square$

1 two = $\square$

11 twos = $\square$

8 twos = $\square$

5 twos = $\square$

7 twos = $\square$

D

12	14	10	13	11
$\times 2$	$\times 2$	$\times 2$	$\times 2$	$\times 2$

21	32	43	20	24
$\times 2$	$\times 2$	$\times 2$	$\times 2$	$\times 2$

E

15	17	16	19	18
$\times 2$	$\times 2$	$\times 2$	$\times 2$	$\times 2$

F What is two multiplied by 6?

Find the product of 2 and 5.

What is 11 times 2?

Multiply 4 by 2

Find the product of 10 and 2.

Find twice 9

Find twice 7

What is 8 times 2?

What is twice 3?

What is 12 times 2?

Multiplication

A
$1 \times 3 = \boxed{}$
$4 \times 3 = \boxed{}$
$7 \times 3 = \boxed{}$
$10 \times 3 = \boxed{}$

$2 \times 3 = \boxed{}$
$5 \times 3 = \boxed{}$
$8 \times 3 = \boxed{}$
$11 \times 3 = \boxed{}$

$3 \times 3 = \boxed{}$
$6 \times 3 = \boxed{}$
$9 \times 3 = \boxed{}$
$12 \times 3 = \boxed{}$

B
$\boxed{} \times 3 = 9$
$\boxed{} \times 3 = 30$
$\boxed{} \times 3 = 24$

$\boxed{} \times 3 = 21$
$\boxed{} \times 3 = 3$
$\boxed{} \times 3 = 36$

$\boxed{} \times 3 = 15$
$\boxed{} \times 3 = 18$
$\boxed{} \times 3 = 33$

C
4 threes = $\boxed{}$
12 threes = $\boxed{}$
11 threes = $\boxed{}$

8 threes = $\boxed{}$
1 three = $\boxed{}$
7 threes = $\boxed{}$

2 threes = $\boxed{}$
5 threes = $\boxed{}$
10 threes = $\boxed{}$

D

11	13	20	12	30
×3	×3	×3	×3	×3

21	23	32	22	33
×3	×3	×3	×3	×3

E

15	18	24	19	27
×3	×3	×3	×3	×3

F   What is three multiplied by 7?   Find three times 6
Find three times 9   Find three times 12
What is 8 times three?   Find three times 3
Find the product of 5 and 3.   What is three times 4?
Find the product of 11 and 3.   What is three times 0?

Multiplication

A

$1 \times 4 = \square$	$2 \times 4 = \square$	$3 \times 4 = \square$
$4 \times 4 = \square$	$5 \times 4 = \square$	$6 \times 4 = \square$
$7 \times 4 = \square$	$8 \times 4 = \square$	$9 \times 4 = \square$
$10 \times 4 = \square$	$11 \times 4 = \square$	$12 \times 4 = \square$

B

$\square \times 4 = 16$	$\square \times 4 = 32$	$\square \times 4 = 12$
$\square \times 4 = 44$	$\square \times 4 = 48$	$\square \times 4 = 4$
$\square \times 4 = 20$	$\square \times 4 = 8$	$\square \times 4 = 28$

C

3 fours $= \square$	1 four $= \square$	5 fours $= \square$
7 fours $= \square$	11 fours $= \square$	2 fours $= \square$
12 fours $= \square$	8 fours $= \square$	6 fours $= \square$

D

11	21	12	20	22
$\times 4$	$\times 4$	$\times 4$	$\times 4$	$\times 4$

E

13	16	18	23	19
$\times 4$	$\times 4$	$\times 4$	$\times 4$	$\times 4$

F What is four multiplied by 7? 3 groups of 4
Find four times 6 Find four times 9
What is 8 times four? 12 groups of 4

Find the product of
    5 and 4   3 and 4   7 and 4
    4 and 11   4 and 4   4 and 10

Multiplication

A
$1 \times 5 = \boxed{}$
$4 \times 5 = \boxed{}$
$7 \times 5 = \boxed{}$
$10 \times 5 = \boxed{}$

$2 \times 5 = \boxed{}$
$5 \times 5 = \boxed{}$
$8 \times 5 = \boxed{}$
$11 \times 5 = \boxed{}$

$3 \times 5 = \boxed{}$
$6 \times 5 = \boxed{}$
$9 \times 5 = \boxed{}$
$12 \times 5 = \boxed{}$

B
$\boxed{} \times 5 = 25$
$\boxed{} \times 5 = 5$
$\boxed{} \times 5 = 60$

$\boxed{} \times 5 = 50$
$\boxed{} \times 5 = 30$
$\boxed{} \times 5 = 40$

$\boxed{} \times 5 = 10$
$\boxed{} \times 5 = 55$
$\boxed{} \times 5 = 35$

C
2 fives = $\boxed{}$
8 fives = $\boxed{}$
7 fives = $\boxed{}$

10 fives = $\boxed{}$
3 fives = $\boxed{}$
9 fives = $\boxed{}$

1 five = $\boxed{}$
12 fives = $\boxed{}$
4 fives = $\boxed{}$

D

7	4	9	3	6	2	8	5
$\times 5$	$\times 5$	$\times 5$	$\times 5$	$\times 5$	$\times 5$	$\times 5$	$\times 5$

E

10	11	18	16	12
$\times 5$	$\times 5$	$\times 5$	$\times 5$	$\times 5$

13	15	17	14	19
$\times 5$	$\times 5$	$\times 5$	$\times 5$	$\times 5$

F What is five multiplied by 7?
Find nine times 5
What is 8 times 5?
What is five times 4?

What is five multiplied by 5?
Find twelve times 5
Find eleven times 5

Find the product of
    5 and 10   3 and 5   6 and 5

Multiplication

A

$1 \times 6 =$ ☐ $2 \times 6 =$ ☐ $3 \times 6 =$ ☐
$4 \times 6 =$ ☐ $5 \times 6 =$ ☐ $6 \times 6 =$ ☐
$7 \times 6 =$ ☐ $8 \times 6 =$ ☐ $9 \times 6 =$ ☐
$10 \times 6 =$ ☐ $11 \times 6 =$ ☐ $12 \times 6 =$ ☐

B

☐ $\times 6 = 18$ ☐ $\times 6 = 48$ ☐ $\times 6 = 12$
☐ $\times 6 = 72$ ☐ $\times 6 = 30$ ☐ $\times 6 = 36$
☐ $\times 6 = 42$ ☐ $\times 6 = 66$ ☐ $\times 6 = 60$

C

4 sixes = ☐   7 sixes = ☐   1 six = ☐
10 sixes = ☐   12 sixes = ☐   5 sixes = ☐
6 sixes = ☐   2 sixes = ☐   3 sixes = ☐

D

9	4	6	3	7	2	5	8
×6	×6	×6	×6	×6	×6	×6	×6

E

10	15	11	13	16	14	12
×6	×6	×6	×6	×6	×6	×6

F

What is six multiplied by 7?

Find eight times 6   Find twelve times 6

What is 9 times 6?   What is five times 6?

Find the product of

11 and 6   6 and 6   10 and 6

6 and 4   6 and 2   6 and 11

Division

A
$2 \div 2 = \boxed{}$
$8 \div 2 = \boxed{}$
$14 \div 2 = \boxed{}$
$20 \div 2 = \boxed{}$

$4 \div 2 = \boxed{}$
$10 \div 2 = \boxed{}$
$16 \div 2 = \boxed{}$
$22 \div 2 = \boxed{}$

$6 \div 2 = \boxed{}$
$12 \div 2 = \boxed{}$
$18 \div 2 = \boxed{}$
$24 \div 2 = \boxed{}$

B
$\boxed{} \div 2 = 3$
$\boxed{} \div 2 = 10$
$\boxed{} \div 2 = 5$

$\boxed{} \div 2 = 4$
$\boxed{} \div 2 = 6$
$\boxed{} \div 2 = 11$

$\boxed{} \div 2 = 2$
$\boxed{} \div 2 = 12$
$\boxed{} \div 2 = 7$

C
$2 \overline{)8}$ $2 \overline{)14}$ $2 \overline{)20}$ $2 \overline{)6}$ $2 \overline{)10}$

$2 \overline{)16}$ $2 \overline{)24}$ $2 \overline{)12}$ $2 \overline{)18}$ $2 \overline{)22}$

D
$2 \overline{)26}$ $2 \overline{)42}$ $2 \overline{)46}$ $2 \overline{)28}$ $2 \overline{)44}$

$2 \overline{)62}$ $2 \overline{)84}$ $2 \overline{)88}$ $2 \overline{)66}$ $2 \overline{)60}$

E
$2 \overline{)36}$ $2 \overline{)52}$ $2 \overline{)38}$ $2 \overline{)56}$ $2 \overline{)74}$

$2 \overline{)76}$ $2 \overline{)98}$ $2 \overline{)54}$ $2 \overline{)34}$ $2 \overline{)92}$

F
$2 \overline{)35}$ $2 \overline{)39}$ $2 \overline{)37}$ $2 \overline{)53}$ $2 \overline{)75}$

$2 \overline{)93}$ $2 \overline{)77}$ $2 \overline{)97}$ $2 \overline{)57}$ $2 \overline{)73}$

G
How many twos in 12?   How many twos in 20?
Divide 16 by 2   Divide 24 by 2
Share 18 sweets between 2 girls.

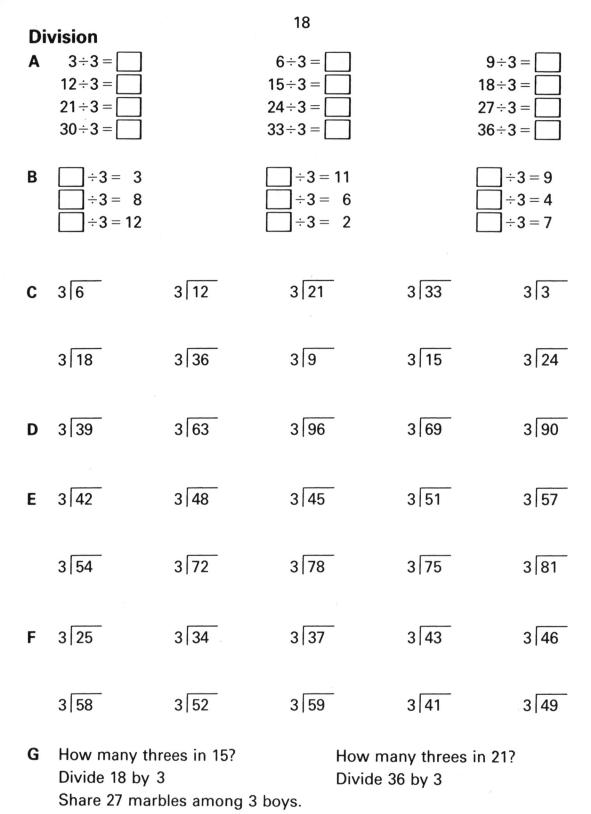

Division

A
$3 \div 3 = \boxed{}$
$12 \div 3 = \boxed{}$
$21 \div 3 = \boxed{}$
$30 \div 3 = \boxed{}$

$6 \div 3 = \boxed{}$
$15 \div 3 = \boxed{}$
$24 \div 3 = \boxed{}$
$33 \div 3 = \boxed{}$

$9 \div 3 = \boxed{}$
$18 \div 3 = \boxed{}$
$27 \div 3 = \boxed{}$
$36 \div 3 = \boxed{}$

B
$\boxed{} \div 3 = 3$
$\boxed{} \div 3 = 8$
$\boxed{} \div 3 = 12$

$\boxed{} \div 3 = 11$
$\boxed{} \div 3 = 6$
$\boxed{} \div 3 = 2$

$\boxed{} \div 3 = 9$
$\boxed{} \div 3 = 4$
$\boxed{} \div 3 = 7$

C
$3\overline{)6}$ $3\overline{)12}$ $3\overline{)21}$ $3\overline{)33}$ $3\overline{)3}$

$3\overline{)18}$ $3\overline{)36}$ $3\overline{)9}$ $3\overline{)15}$ $3\overline{)24}$

D
$3\overline{)39}$ $3\overline{)63}$ $3\overline{)96}$ $3\overline{)69}$ $3\overline{)90}$

E
$3\overline{)42}$ $3\overline{)48}$ $3\overline{)45}$ $3\overline{)51}$ $3\overline{)57}$

$3\overline{)54}$ $3\overline{)72}$ $3\overline{)78}$ $3\overline{)75}$ $3\overline{)81}$

F
$3\overline{)25}$ $3\overline{)34}$ $3\overline{)37}$ $3\overline{)43}$ $3\overline{)46}$

$3\overline{)58}$ $3\overline{)52}$ $3\overline{)59}$ $3\overline{)41}$ $3\overline{)49}$

G   How many threes in 15?   How many threes in 21?
Divide 18 by 3   Divide 36 by 3
Share 27 marbles among 3 boys.

Division

A
$4 \div 4 = \square$
$16 \div 4 = \square$
$28 \div 4 = \square$
$40 \div 4 = \square$

$8 \div 4 = \square$
$20 \div 4 = \square$
$32 \div 4 = \square$
$44 \div 4 = \square$

$12 \div 4 = \square$
$24 \div 4 = \square$
$36 \div 4 = \square$
$48 \div 4 = \square$

B
$\square \div 4 = 2$
$\square \div 4 = 6$
$\square \div 4 = 12$

$\square \div 4 = 5$
$\square \div 4 = 8$
$\square \div 4 = 4$

$\square \div 4 = 1$
$\square \div 4 = 3$
$\square \div 4 = 7$

C $4\overline{)8}$ $4\overline{)24}$ $4\overline{)4}$ $4\overline{)28}$ $4\overline{)36}$

$4\overline{)16}$ $4\overline{)20}$ $4\overline{)40}$ $4\overline{)12}$ $4\overline{)32}$

D $4\overline{)44}$ $4\overline{)48}$ $4\overline{)88}$ $4\overline{)84}$ $4\overline{)80}$

E $4\overline{)29}$ $4\overline{)37}$ $4\overline{)23}$ $4\overline{)39}$ $4\overline{)33}$

$4\overline{)38}$ $4\overline{)27}$ $4\overline{)47}$ $4\overline{)30}$ $4\overline{)25}$

F $4\overline{)45}$ $4\overline{)49}$ $4\overline{)50}$ $4\overline{)53}$ $4\overline{)57}$

$4\overline{)61}$ $4\overline{)66}$ $4\overline{)70}$ $4\overline{)75}$ $4\overline{)78}$

G   How many fours in 24?
Divide 36 by 4   Divide 28 by 4
Share 44 chocolates among 4 girls.

Division

A
$5 \div 5 = \square$ $10 \div 5 = \square$ $15 \div 5 = \square$
$20 \div 5 = \square$ $25 \div 5 = \square$ $30 \div 5 = \square$
$35 \div 5 = \square$ $40 \div 5 = \square$ $45 \div 5 = \square$
$50 \div 5 = \square$ $55 \div 5 = \square$ $60 \div 5 = \square$

B
$\square \div 5 = 3$ $\square \div 5 = 5$ $\square \div 5 = 2$
$\square \div 5 = 7$ $\square \div 5 = 9$ $\square \div 5 = 6$
$\square \div 5 = 12$ $\square \div 5 = 4$ $\square \div 5 = 8$

C
$5\overline{)10}$ $5\overline{)45}$ $5\overline{)20}$ $5\overline{)35}$ $5\overline{)55}$

$5\overline{)30}$ $5\overline{)5}$ $5\overline{)60}$ $5\overline{)25}$ $5\overline{)40}$

D
$5\overline{)65}$ $5\overline{)80}$ $5\overline{)70}$ $5\overline{)85}$ $5\overline{)90}$

E
$5\overline{)61}$ $5\overline{)42}$ $5\overline{)39}$ $5\overline{)63}$ $5\overline{)48}$

$5\overline{)37}$ $5\overline{)47}$ $5\overline{)64}$ $5\overline{)44}$ $5\overline{)28}$

F
$5\overline{)71}$ $5\overline{)66}$ $5\overline{)94}$ $5\overline{)76}$ $5\overline{)69}$

$5\overline{)78}$ $5\overline{)83}$ $5\overline{)97}$ $5\overline{)88}$ $5\overline{)72}$

G   How many fives in 45?
Divide 30 by 5   Divide 60 by 5
Share 35 toys among 5 boys.

Division

A
$6 \div 6 = \boxed{}$ $12 \div 6 = \boxed{}$ $18 \div 6 = \boxed{}$
$24 \div 6 = \boxed{}$ $30 \div 6 = \boxed{}$ $36 \div 6 = \boxed{}$
$42 \div 6 = \boxed{}$ $48 \div 6 = \boxed{}$ $54 \div 6 = \boxed{}$
$60 \div 6 = \boxed{}$ $66 \div 6 = \boxed{}$ $72 \div 6 = \boxed{}$

B
$\boxed{} \div 6 = 11$ $\boxed{} \div 6 = 9$ $\boxed{} \div 6 = 4$
$\boxed{} \div 6 = 6$ $\boxed{} \div 6 = 12$ $\boxed{} \div 6 = 10$
$\boxed{} \div 6 = 8$ $\boxed{} \div 6 = 7$ $\boxed{} \div 6 = 5$

C $6\overline{)18}$ $6\overline{)30}$ $6\overline{)42}$ $6\overline{)54}$ $6\overline{)60}$

$6\overline{)12}$ $6\overline{)24}$ $6\overline{)6}$ $6\overline{)72}$ $6\overline{)36}$

D $6\overline{)7}$ $6\overline{)13}$ $6\overline{)31}$ $6\overline{)25}$ $6\overline{)43}$

E $6\overline{)14}$ $6\overline{)38}$ $6\overline{)57}$ $6\overline{)20}$ $6\overline{)45}$

$6\overline{)27}$ $6\overline{)41}$ $6\overline{)53}$ $6\overline{)34}$ $6\overline{)19}$

F $6\overline{)67}$ $6\overline{)70}$ $6\overline{)73}$ $6\overline{)77}$ $6\overline{)79}$

$6\overline{)84}$ $6\overline{)87}$ $6\overline{)90}$ $6\overline{)93}$ $6\overline{)99}$

G How many sixes in 48?
Divide 42 by 6   Divide 54 by 6
Share 72 crayons among 6 girls.

Money

Find the total of the coin values in each row.

(1p) (1p) (2p) (2p) (1p) ☐p

(1p) (1p) (2p) (1p) (2p) (1p) ☐p

(2p) (2p) (2p) (2p) (1p) (1p) ☐p

(1p) (2p) (5p) (2p) (1p) (2p) ☐p

(2p) (5p) (1p) (5p) (2p) (1p) ☐p

(5p) (5p) (20p) (2p) (1p) (1p) (5p) ☐p

(10p) (2p) (2p) (20p) (5p) (1p) (1p) (2p) ☐p

(5p) (1p) (1p) (2p) (10p) (5p) (2p) (10p) (1p) ☐p

(10p) (10p) (10p) (10p) (10p) (10p) (5p) (5p) (5p) (2p) ☐p

(5p) (5p) (20p) (2p) (2p) (1p) (1p) (10p) ☐p

(1p) (1p) (5p) (10p) (2p) (10p) (5p) (10p) ☐p

(10p) (10p) (10p) (5p) (5p) (2p) (1p) (1p) (10p) (10p) (5p) ☐p

(5p) (5p) (2p) (1p) (1p) (2p) (5p) (20p) ☐p

Money

Find the total of the coin values in each row.

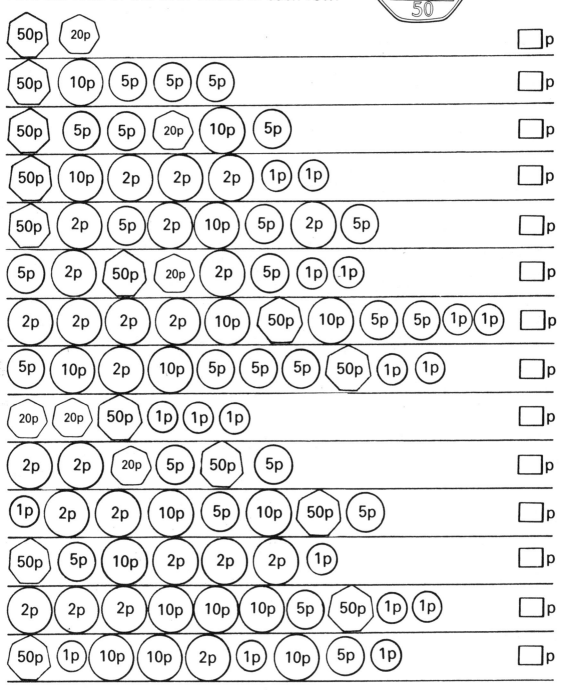

50p 20p	☐p
50p 10p 5p 5p 5p	☐p
50p 5p 5p 20p 10p 5p	☐p
50p 10p 2p 2p 2p 1p 1p	☐p
50p 2p 5p 2p 10p 5p 2p 5p	☐p
5p 2p 50p 20p 2p 5p 1p 1p	☐p
2p 2p 2p 2p 10p 50p 10p 5p 5p 1p 1p	☐p
5p 10p 2p 10p 5p 5p 5p 50p 1p 1p	☐p
20p 20p 50p 1p 1p 1p	☐p
2p 2p 20p 5p 50p 5p	☐p
1p 2p 2p 10p 5p 10p 50p 5p	☐p
50p 5p 10p 2p 2p 2p 1p	☐p
2p 2p 2p 10p 10p 10p 5p 50p 1p 1p	☐p
50p 1p 10p 10p 2p 1p 10p 5p 1p	☐p

Money

A Make up these values with as few coins as possible.

1	8p	**2**	32p
3	12p	**4**	45p
5	30p	**6**	35p
7	23p	**8**	28p
9	7p	**10**	19p
11	16p	**12**	26p

B

1	65p	**2**	74p
3	53p	**4**	83p
5	52p	**6**	58p
7	69p	**8**	67p
9	64p	**10**	84p
11	73p	**12**	92p

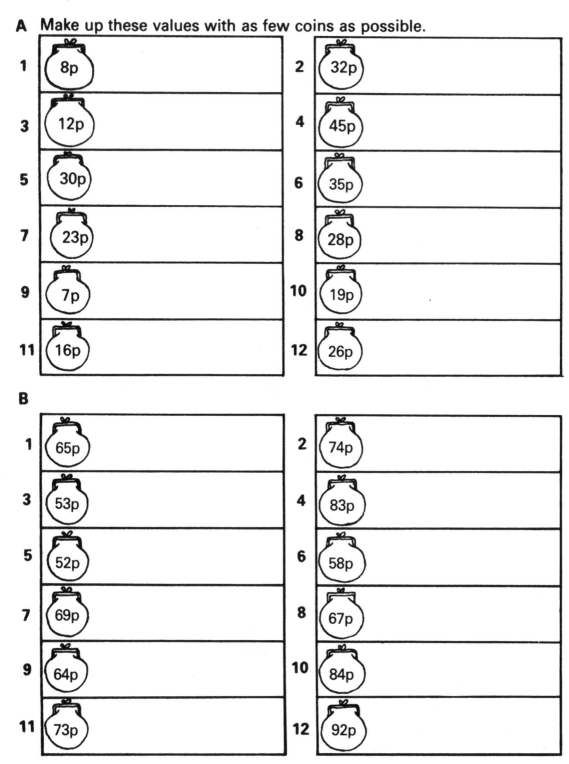

Money

A fifty pence coin equals

50

25

10

Find the missing values of coins to make up these amounts.

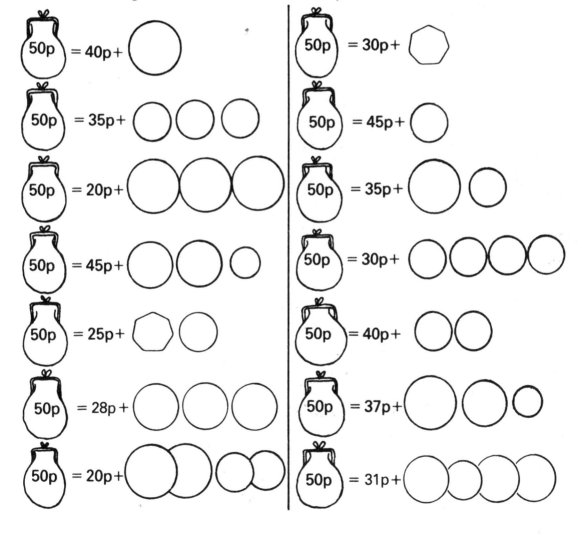

50p = 40p +

50p = 30p +

50p = 35p +

50p = 45p +

50p = 20p +

50p = 35p +

50p = 45p +

50p = 30p +

50p = 25p +

50p = 40p +

50p = 28p +

50p = 37p +

50p = 20p +

50p = 31p +

Money

A $5p+3p=\boxed{}p$ $2p+4p=\boxed{}p$ $6p+3p=\boxed{}p$ $7p+2p=\boxed{}p$

B $5p+7p=\boxed{}p$ $7p+8p=\boxed{}p$ $9p+6p=\boxed{}p$ $8p+5p=\boxed{}p$

C

14p	13p	9p	8p	17p	19p
+7p	+8p	+12p	+14p	+9p	+8p

D

25p	35p	37p	49p	28p	56p
+18p	+19p	+16p	+24p	+36p	+27p

E

14p	12p	15p	27p	31p	23p
25p	34p	31p	46p	18p	38p
+16p	+19p	+24p	+20p	+9p	+16p

F

17p	26p	37p	46p	28p	36p
18p	38p	29p	27p	23p	17p
+25p	+17p	+28p	+18p	+29p	+38p

G

23p	17p	27p	29p	41p	33p
34p	12p	45p	35p	15p	22p
+12p	+32p	+18p	+17p	+24p	+34p

H   Find the total of 36p and 24p.
To 18p add 50p.
Find the total of 15p, 26p and 38p.
Find the sum of 17p, 23p and 35p.

Money

Set down in columns and add.

A 14p + 7p = ☐ p   23p + 5p = ☐ p   49p + 8p = ☐ p   58p + 4p = ☐ p
  68p + 9p = ☐ p   24p + 8p = ☐ p   25p + 6p = ☐ p   19p + 2p = ☐ p
  33p + 7p = ☐ p   92p + 6p = ☐ p   76p + 7p = ☐ p   83p + 9p = ☐ p

B 45p + 18p = ☐ p   34p + 19p = ☐ p   46p + 27p = ☐ p   38p + 19p = ☐ p
  23p + 26p = ☐ p   74p + 18p = ☐ p   33p + 47p = ☐ p   26p + 41p = ☐ p
  66p + 25p = ☐ p   13p + 49p = ☐ p   28p + 35p = ☐ p   68p + 13p = ☐ p

C 14p + 25p + 36p = ☐ p   19p + 23p + 35p = ☐ p   34p + 28p + 17p = ☐ p
  23p + 9p + 16p = ☐ p   15p + 35p + 48p = ☐ p   30p + 29p + 37p = ☐ p
  16p + 41p + 22p = ☐ p   47p + 18p + 21p = ☐ p   18p + 38p + 41p = ☐ p
  29p + 45p + 24p = ☐ p   24p + 32p + 19p = ☐ p   26p + 15p + 40p = ☐ p

D 18p + 8p + 15p = ☐ p   27p + 36p + 6p = ☐ p   45p + 2p + 25p = ☐ p
  7p + 41p + 30p = ☐ p   22p + 35p + 9p = ☐ p   30p + 6p + 47p = ☐ p
  27p + 3p + 40p = ☐ p   8p + 31p + 48p = ☐ p   52p + 5p + 26p = ☐ p
  45p + 16p + 9p = ☐ p   17p + 29p + 8p = ☐ p   6p + 11p + 80p = ☐ p

E Find the total of 9p, 7p and 6p. ☐ p
  To 63p add 28p. ☐ p
  Find the total of 14p, 36p and 28p. ☐ p
  Increase 47p by 26p. ☐ p

Money

A   8p−6p = ☐p   7p−3p = ☐p   9p−2p = ☐p   6p−3p = ☐p
     9p−4p = ☐p   8p−5p = ☐p   7p−2p = ☐p   6p−2p = ☐p

B   9p−☐p = 4p   8p−☐p = 3p   9p−☐p = 2p   7p−☐p = 4p
     6p−☐p = 3p   7p−☐p = 1p   8p−☐p = 5p   6p−☐p = 1p

C

| 17p | 26p | 38p | 49p | 19p | 58p |
| −13p | −15p | −25p | −27p | −14p | −26p |

| 23p | 45p | 45p | 56p | 69p | 88p |
| −10p | −20p | −22p | −24p | −34p | −32p |

D

| 20p | 30p | 40p | 50p | 60p | 70p |
| −14p | −27p | −32p | −41p | −53p | −66p |

E

| 32p | 45p | 53p | 65p | 72p | 87p |
| −29p | −37p | −46p | −58p | −65p | −78p |

F

| 31p | 53p | 74p | 56p | 60p | 43p |
| −14p | −25p | −36p | −19p | −26p | −16p |

G   By how much is 26p less than 49p?
     What is the difference between 50p and 31p?
     By how much is 46p more than 19p?

Money

A
☐ p − 5p = 2p
☐ p − 2p = 7p
☐ p − 4p = 5p
☐ p − 8p = 2p

☐ p − 4p = 3p
☐ p − 4p = 6p
☐ p − 2p = 7p
☐ p − 6p = 3p

☐ p − 7p = 2p
☐ p − 1p = 7p
☐ p − 3p = 3p
☐ p − 5p = 4p

B Set down in columns and subtract.

24p − 7p	44p − 12p	57p − 8p	29p − 9p
37p − 6p	28p − 9p	68p − 8p	21p − 5p
45p − 8p	82p − 4p	53p − 6p	45p − 8p

C

30p − 21p	40p − 27p	70p − 44p	40p − 19p
20p − 16p	80p − 52p	30p − 27p	90p − 72p
50p − 34p	90p − 76p	80p − 56p	50p − 43p

D

84p − 25p	79p − 41p	62p − 47p	78p − 62p
45p − 38p	31p − 24p	94p − 68p	86p − 59p
26p − 18p	54p − 38p	41p − 40p	66p − 48p

E
☐ p − 47p = 12p
☐ p − 34p = 48p

☐ p − 41p = 29p
☐ p − 74p = 6p

☐ p − 38p = 55p
☐ p − 29p = 38p

F By how much is 14p less than 27p?
What is the difference between 25p and 17p?
By how much is 30p more than 16p?

Money

A What is the value of

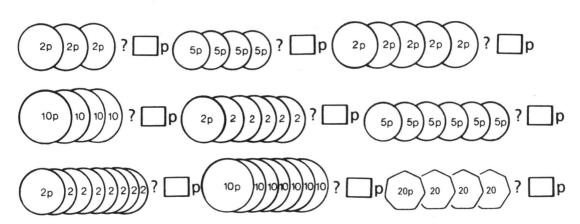

B What is the value of

2 twenties and 2 fives?

7 twos and 4 ones?

2 tens and 2 fives?

8 ones and 4 fives?

10 twos and 3 tens?

4 fives and 3 tens?

5 fives and 3 twenties?

6 twos and 8 ones?

7 ones and 5 tens?

9 twos and 4 twenties?

4 tens and 10 twos?

8 fives and 3 tens?

C Write and complete

12p = ☐ ten, ☐ two

20p = ☐ tens

28p = ☐ tens, ☐ twos

16p = ☐ fives, ☐ pence

18p = ☐ ten, ☐ twos

17p = ☐ fives, 2 pence

32p = ☐ tens, ☐ two

40p = ☐ twenties

50p = ☐ twenties, 2 fives

19p = ☐ twos, 5 pence

29p = ☐ twos, ☐ fives

26p = ☐ fives, ☐ pence

34p = ☐ tens, ☐ twos

47p = ☐ fives, ☐ pence

65p = ☐ twenties, ☐ five

37p = ☐ fives, ☐ pence

70p = ☐ twenties, 5 twos

Money

A

5p	6p	8p	9p	8p	6p
× 2	× 3	× 2	× 4	× 3	× 5

4p	8p	9p	7p	9p	7p
× 6	× 4	× 5	× 3	× 6	× 4

B

12p	14p	16p	16p	18p	13p
× 2	× 3	× 2	× 3	× 2	× 4

18p	26p	15p	16p	23p	19p
× 3	× 3	× 5	× 6	× 4	× 5

C

12p × 2	11p × 4	15p × 3	13p × 2
16p × 3	12p × 5	18p × 2	17p × 4
16p × 6	21p × 4	19p × 4	34p × 2
19p × 3	14p × 5	21p × 3	16p × 5

D Find the cost of 2 books at 28p each.

What will 3 pencils cost if one is 8p?

How much will you pay for 4 rubbers at 5p?

What will 5 books cost at 15p each?

Find the cost of 6 rulers at 12p.

What will 5 packs of crayons cost at 17p each?

How much will it cost for 5 diaries at 16p each?

Find the total cost of 5 pens at 14p each.

Money

A   How many   2p   are worth

| 4p? | 12p? | 16p? | 8p? | 20p? | 6p? |
| 10p? | 22p? | 14p? | 24p? | 18p? | 30p? |

B   How many   5p   are worth

| 10p? | 20p? | 35p? | 25p? | 40p? | 50p? |

C $2\overline{)10p}$ $2\overline{)14p}$ $2\overline{)20p}$ $3\overline{)12p}$ $3\overline{)18p}$

   $4\overline{)16p}$ $4\overline{)32p}$ $5\overline{)25p}$ $5\overline{)35p}$ $6\overline{)30p}$

   $4\overline{)36p}$ $3\overline{)24p}$ $6\overline{)36p}$ $5\overline{)45p}$ $6\overline{)42p}$

D $2\overline{)22p}$ $3\overline{)33p}$ $2\overline{)26p}$ $3\overline{)36p}$ $3\overline{)60p}$

   $4\overline{)44p}$ $5\overline{)55p}$ $3\overline{)39p}$ $4\overline{)48p}$ $6\overline{)66p}$

E   How many 2p stamps can you buy for 24p?
   How many 3p toffees can you buy for 30p?
   Share 45p equally among 5 boys.
   Six girls share 54p. How much will each have?
   Toffees cost 4p each. How many can you buy for 32p?
   Share 96p among 6 boys.
   Divide 42p among 3 children.
   How many 6p bars of chocolate for 72p?

Money

A 2|34p   3|42p   4|52p   5|65p   6|72p

 2|38p   3|48p   4|56p   6|78p   2|36p

B 2|34p   4|56p   2|72p   3|75p   4|96p

 3|72p   2|56p   3|81p   3|87p   4|92p

C 4|72p   6|96p   2|36p   5|80p   6|84p

 5|95p   6|78p   4|68p   2|76p   3|78p

D   Share 82p by 2   Divide 81p by 3
 Share 95p by 5   Divide 74p by 2
 Share 76p by 4   Divide 60p by 4
 Share 96p by 2   Divide 57p by 3
 Share 45p by 5   Divide 88p by 4

E   Share 56p equally among 4 children.
 6 bus tickets cost 78p. How much does each ticket cost?
 5 books cost 75p. How much for 1 book?
 Peter and John save 84p. What is each boy's share?
 How many people can have 4p out of 92p?

Money

A How much change from 20p if I spend

4p?	12p?	15p?	9p?
5p?	10p?	14p?	11p?
17p?	6p?	15p?	7p?

B How much change from 30p if I spend

6p?	13p?	16p?	21p?
4p?	12p?	17p?	22p?
18p?	23p?	19p?	26p?

C How much change from 50p if I spend

18p?	23p?	35p?	41p?
16p?	21p?	37p?	42p?
27p?	39p?	29p?	38p?

D How much change from 30p if I spend

5p + 12p?	16p + 9p?	13p + 14p?
4p + 15p?	13p + 8p?	18p + 7p?
8p + 15p?	6p + 19p?	

E How much change from 50p if I spend

17p + 24p?	28p + 19p?	32p + 14p?
14p + 27p?	32p + 9p?	28p + 19p?
9p + 36p?	14p + 26p	

F What is the difference between 30p and 27p?
Take the sum of 16p and 12p from 50p.
John receives 22p change out of 30p. How much did he spend?
Substract the difference between 25p and 9p from 30p.

Money

Shopping

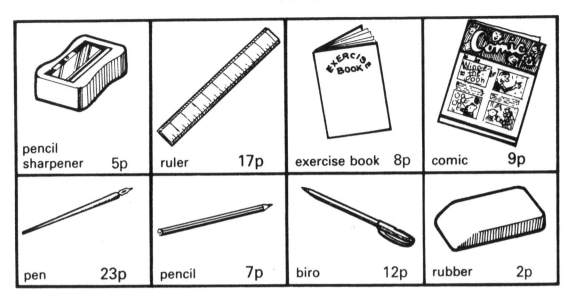

pencil sharpener 5p	ruler 17p	exercise book 8p	comic 9p
pen 23p	pencil 7p	biro 12p	rubber 2p

A How much would you spend if you bought
   1 an exercise book and a ruler?
   2 a rubber and a pen?
   3 a pencil and a pencil sharpener?
   4 a comic and an exercise book?
   5 a biro and a pen?
   6 a pencil, rubber and pencil sharpener?

B How much would you spend if you bought
   1 2 rulers?   **2** 3 comics?
   3 6 rubbers?   **4** 5 pencil sharpeners?
   5 2 biros?   **6** 4 exercise books?
   7 two pens?   **8** five pencils?

C 1 Which is dearer and by how much?
      a a rubber and a biro
   or **b** an exercise book and a pencil

   2 How much more would it cost you for
      5 pencils than for 6 pencil sharpeners?

Money

Shopping

pencil sharpener 5p	ruler 17p	exercise book 8p	comic 9p
pen 23p	pencil 7p	biro 12p	rubber 2p

A How much change from 50p if you buy

1 a biro?   2 a pen?

3 a ruler?   4 a comic?

5 a pencil sharpener?   6 an exercise book?

7 a pencil?   8 a rubber?

B How much change from 50p if you buy

1 2 pens?   2 6 pencils?

3 4 comics?   4 5 exercise books?

5 3 rubbers?   6 4 biros?

7 6 pencil sharpeners?   8 5 rubbers?

Money

Shopping

reading book 35p	car 21p	felt pens 65p	soft toy 27p
painting book 22p	whistle 12p	doll 32p	ball 32p

A How much would you spend if you bought

1 a reading book and a painting book?
2 a whistle and a ball?
3 a car and felt pens?
4 a soft toy and a doll?
5 felt pens and a painting book?
6 a reading book and a car?

B How much would you spend if you bought

1 3 painting books?
2 6 whistles?
3 2 balls?
4 3 soft toys?
5 2 reading books?
6 4 cars?
7 3 dolls?
8 2 soft toys?

Money

Shopping

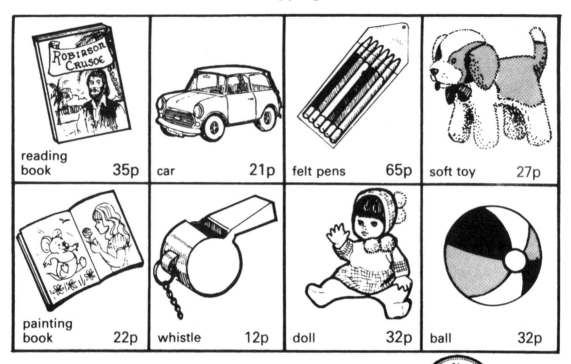

reading book 35p	car 21p	felt pens 65p	soft toy 27p
painting book 22p	whistle 12p	doll 32p	ball 32p

A How much change from £1·00 if you buy

1 a reading book?	**2** a ball?
3 a whistle?	**4** a painting book?
5 felt pens?	**6** a doll?
7 a car?	**8** a soft toy?

B How much change from £1·00 if you buy

1 2 soft toys?	**2** 2 reading books?
3 4 painting books?	**4** 4 whistles?
5 3 balls?	**6** 3 painting books?
7 5 whistles?	**8** 4 cars?
9 3 cars?	**10** 3 soft toys?
11 2 dolls?	**12** 2 balls?

Time

 11 o'clock

A Write the time shown on each clock.

B Draw clocks to show these times.

  1 o'clock   5 o'clock   6 o'clock   9 o'clock

C Write the time shown on each clock.

D Draw clocks to show the time **2 hours later** than

  8 o'clock   12 o'clock   4 o'clock   11 o'clock

E Write the time **1 hour earlier** than the times shown.

Time

½ past 8

A Write the time shown on each clock.

B Draw clocks to show these times.

½ past 2   ½ past 5   ½ past 7   ½ past 12

C Write the time shown on each clock.

D Draw clocks to show times ½ **hour later** than

½ past 4   ½ past 7   ½ past 12   ½ past 9

7 o'clock   3 o'clock   8 o'clock   2 o'clock

E Draw clocks to show times ½ **hour earlier** than

2 o'clock   5 o'clock   9 o'clock   12 o'clock

½ past 3   ½ past 11   ½ past 2   ½ past 6

Time

$\frac{1}{4}$ past 4

$\frac{1}{4}$ to 6

A Write the times shown on these clocks.

B Draw clocks to show these times.

$\frac{1}{4}$ to 5	$\frac{1}{4}$ past 6	$\frac{1}{4}$ past 8	$\frac{1}{4}$ to 1
$\frac{1}{4}$ to 9	$\frac{1}{4}$ past 2	$\frac{1}{4}$ to 11	$\frac{1}{4}$ past 3

C A   B   C   D

How much time has passed from

1 clock A to clock B?   **2** clock A to clock C?

3 clock A to clock D?   **4** clock B to clock C?

5 clock B to clock D?   **6** clock C to clock D?

Time

 7 o'clock

 ½ past 10

 ¼ past 2

 ¼ to 11

A Write the times shown on these clocks.

B A B C D E

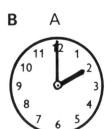    

How much time has passed from

1 clock A to clock E? **2** clock A to clock B?

3 clock A to clock C? **4** clock A to clock D?

5 clock B to clock D? **6** clock B to clock E?

7 clock C to clock D? **8** clock C to clock E?

9 clock D to clock E? **10** clock B to clock C?

Time

A Write the times shown on these clocks.

B Draw clocks to show these times.

10 minutes past 6	15 minutes to 7
20 minutes to 9	5 minutes to 8
20 minutes past 1	25 minutes past 10
10 minutes to 2	5 minutes past 12
25 minutes to 3	25 minutes past 11

C

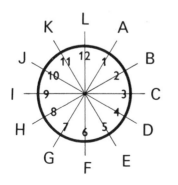

How many minutes from

1 A to D? **2** B to H?

3 I to L? **4** D to I?

5 E to I? **6** F to G?

7 A to F? **8** J to A?

9 K to C? **10** E to J?

11 C to G? **12** D to K?

Time

A Write the times shown on these clocks.

B Draw clocks to show these times.

1. 6 o'clock   2 o'clock   12 o'clock
2. $\frac{1}{2}$ past 9 $\frac{1}{2}$ past 7 $\frac{1}{2}$ past 11
3. $\frac{1}{4}$ past 4 $\frac{1}{4}$ past 10 $\frac{1}{4}$ past 3
4. $\frac{1}{4}$ to 5 $\frac{1}{4}$ to 10 $\frac{1}{4}$ to 8
5. 5 min past 4   20 min past 9   10 min past 6   25 min past 1
6. 5 min to 8   25 min to 12   20 min to 11   10 min to 3

Time

February						
Sun	Mon	Tue	Wed	Thur	Fri	Sat
	1	2	3	4	5	6
7	8	9	10	11	12	13
14	15	16	17	18	19	20
21	22	23	24	25	26	27
28	29					

March						
Sun	Mon	Tue	Wed	Thur	Fri	Sat
		1	2	3	4	5
6	7	8	9	10	11	12
13	14	15	16	17	18	19
20	21	22	23	24	25	26
27	28	29	30	31		

April						
Sun	Mon	Tue	Wed	Thur	Fri	Sat
					1	2
3	4	5	6	7	8	9
10	11	12	13	14	15	16
17	18	19	20	21	22	23
24	25	26	27	28	29	30

1 On what day is the **last day** of
   a February?   b March?   c April?

2 On what day is the **first day** of
   a February?   b March?   c April?

3 Write down 3 other months with 30 days.
4 Write down 3 other months with 31 days.
5 A boy goes to the baths every Monday. How many times does he go in February?
6 Write down the dates of
   a the third Friday in March
   b the second Tuesday in April
   c the fourth Saturday in April.
7 What is the date of the next Sunday after 28th February?
8 A girl has two weeks' holiday which starts on 19th March. When does it end?
9 Which day of the week appears least in these 3 months?
10 Which of these 3 months has the most Saturdays?

Addition

A

235	425	123	742	624
61	132	546	135	253
+102	+341	+220	+111	+122

134	505	845	335	413
534	262	33	234	255
+231	+232	+111	+420	+321

B

53	44	35	66	13
16	27	33	18	46
+28	+18	+29	+15	+39

C

426	333	214	607	745
235	436	348	177	129
+124	+228	+237	+115	+15

D

23	34	42	51	65
71	64	55	63	70
+54	+51	+81	+75	+64

E What is the total of 236, 62 and 101?
Find the total of 43, 28 and 18.
Add 332, 437 and 228.
41 plus 56 plus 82.
Find the sum of 406, 75, 116.

Addition

A

153	56	44	146	191
45	162	72	81	43
+21	+31	+182	+62	+55

B

182	251	380	293	373
243	363	284	143	264
+134	+182	+234	+352	+352

C

46	54	49	68	73
53	67	55	54	46
+59	+28	+32	+67	+58

35	47	28	72	38
67	55	85	48	84
+46	+47	+62	+56	+77

D

158	264	428	165	194
296	385	376	485	568
+345	+227	+183	+238	+133

256	185	373	429	354
354	644	277	192	288
+358	+169	+337	+266	+137

Subtraction

A

429	547	668	489	583
−316	−223	−345	−165	−242

647	278	784	897	988
−123	−135	−361	−342	−253

B

437	589	643	765	948
−217	−359	−423	−345	−338

C

458	369	573	628	957
−320	−150	−250	−410	−320

D

350	280	570	850	940
−136	−152	−244	−326	−518

660	780	830	530	470
−231	−523	−615	−419	−127

E

309	508	207	604	702
−276	−235	−154	−272	−421

405	906	706	505	807
−152	−583	−452	−293	−546

Subtraction

A	655	546	734	263	472
	−426	−218	−415	−144	−253

	826	481	593	772	945
	−617	−262	−255	−545	−718

B	438	359	526	648	767
	−242	−165	−234	−353	−476

	856	728	649	555	664
	−371	−247	−362	−282	−491

C	626	715	834	456	578
	−437	−226	−545	−267	−189

	345	583	734	846	958
	−157	−295	−356	−567	−689

D	400	500	700	900	800
	−242	−335	−461	−678	−569

	300	200	800	700	900
	−253	−169	−642	−387	−474

E	406	508	605	707	804
	−187	−249	−356	−438	−576

Multiplication

A

213	332	433	313	212
×2	×3	×2	×3	×4

111	233	221	444	343
×5	×3	×4	×2	×2

B

202	101	301	403	102
×2	×5	×3	×2	×4

C

106	204	103	105	207
×2	×3	×4	×5	×2

308	206	107	109	209
×2	×4	×6	×5	×4

407	108	308	207	305
×2	×5	×3	×4	×2

D Find the product of

1 109 and 3
2 405 and 2
3 108 and 4
4 307 and 3
5 109 and 6

Multiply

1 209 by 3
2 434 by 2
3 205 by 4
4 108 by 6
5 107 by 5

Multiplication

A

214 ×4	324 ×3	426 ×2	215 ×4	326 ×3
116 ×6	337 ×2	317 ×3	107 ×6	109 ×5

B

163 ×2	171 ×5	283 ×3	162 ×4	284 ×2
354 ×2	241 ×4	131 ×6	474 ×2	181 ×5

C

134 ×4	278 ×2	265 ×3	143 ×4	387 ×2
176 ×4	153 ×5	238 ×4	295 ×3	488 ×2
144 ×6	266 ×3	166 ×6	149 ×5	299 ×2
178 ×4	289 ×3	163 ×4	155 ×5	138 ×6

Division

A 2)442   3)363   4)484   5)555

 2)684   4)848   3)663   6)666

B 3)153   5)155   3)186   3)123

 6)246   4)244   2)122   6)366

 4)324   2)182   6)426   4)284

C 5)565   2)232   3)345   4)476

 6)672   4)864   2)694   3)954

 5)595   3)387   4)460   2)232

D 6)852   4)536   2)352   5)680

 3)447   2)396   6)774   4)656

 5)765   3)588   2)574   4)716

E 4)535   2)375   6)998   3)745

 6)854   5)794   4)673   5)898

Division

A 2⟌416 3⟌615 4⟌816 5⟌525

3⟌624 6⟌642 2⟌618 4⟌436

2⟌814 5⟌535 4⟌832 3⟌924

B 4⟌840 2⟌260 3⟌630 5⟌550

2⟌480 3⟌960 6⟌660 4⟌480

C 2⟌400 3⟌600 4⟌800 2⟌600

4⟌400 2⟌800 3⟌900 5⟌500

D 3⟌240 2⟌320 4⟌560 6⟌720

5⟌650 4⟌640 2⟌540 3⟌480

6⟌840 5⟌750 4⟌760 2⟌780

E 5⟌506 4⟌736 2⟌907 4⟌952

5⟌803 6⟌500 2⟌798 3⟌628

Fractions

A Which of these is divided into **halves**?

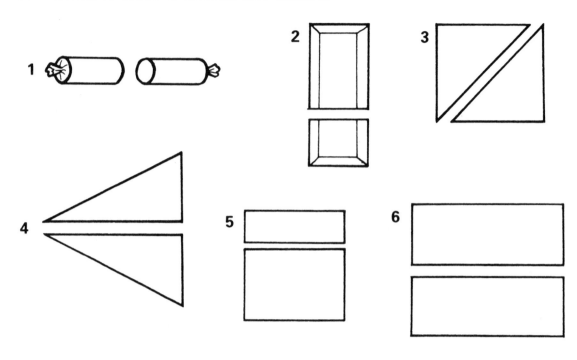

B Which of these is divided into **quarters**?

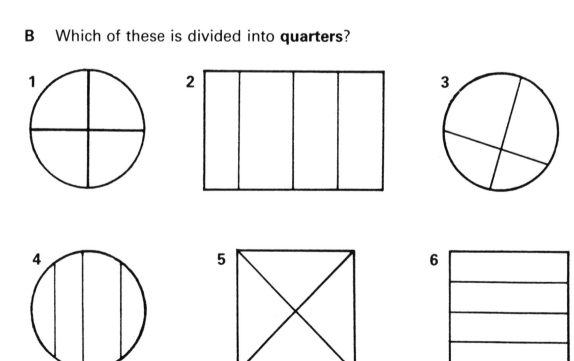

Fractions

A What fraction or part of these is shaded?

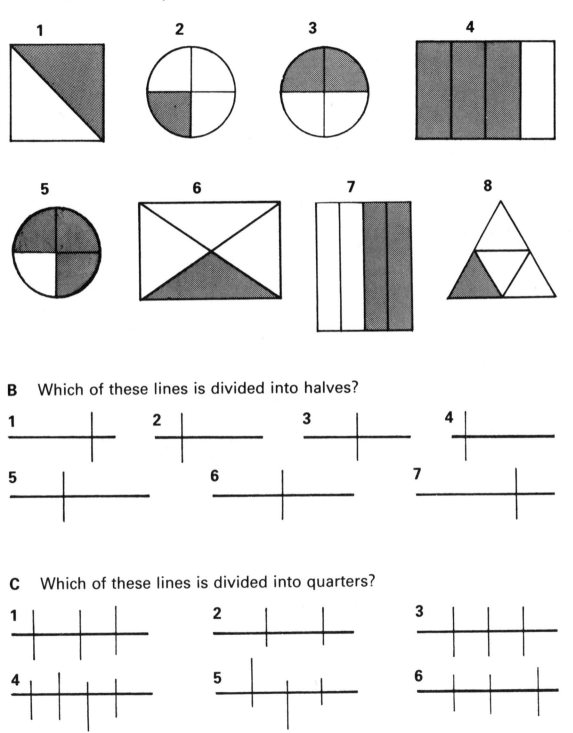

Fractions

A

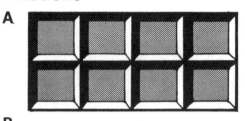

How many squares of chocolate?
How many squares in $\frac{1}{2}$ of the bar?
How many squares in $\frac{1}{4}$ of the bar?
How many squares in $\frac{3}{4}$ of the bar?

B

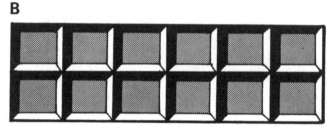

How many squares?
How many in $\frac{1}{2}$ of the bar?
How many in $\frac{1}{4}$ of the bar?
How many in $\frac{3}{4}$ of the bar?

C

How many sweets in this tube?
How many in $\frac{1}{2}$ of the tube?
How many in $\frac{1}{4}$ of the tube?
How many in $\frac{3}{4}$ of the tube?

D   How much is the whole shape worth?

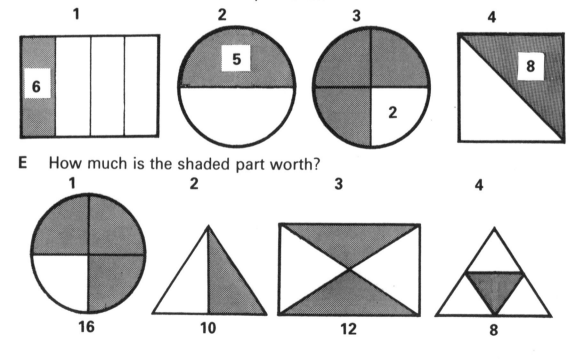

E   How much is the shaded part worth?

Fractions

A How many halves?

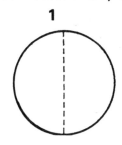 1   2 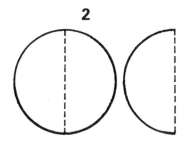   3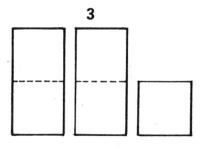

B How many halves?

4     $5\frac{1}{2}$ $3\frac{1}{2}$ 2   5 $4\frac{1}{2}$ 6 $2\frac{1}{2}$

C How many quarters?

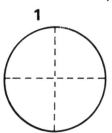 1   2 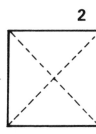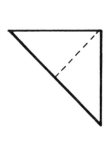   3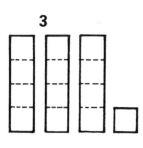

D How many quarters?

$1\frac{3}{4}$ $2\frac{1}{4}$ 2 $3\frac{1}{2}$ $2\frac{3}{4}$ 3 $2\frac{1}{2}$ 4

E Complete

$\frac{2}{2} = \square$ $\frac{4}{4} = \square$ $\frac{5}{4} = \square$

$\frac{5}{2} = \square$ $\frac{6}{4} = \square$ $\frac{7}{4} = \square$

$\frac{4}{2} = \square$ $\frac{7}{2} = \square$ $\frac{10}{2} = \square$ $\frac{9}{2} = \square$

$\frac{8}{4} = \square$ $\frac{11}{4} = \square$ $\frac{10}{4} = \square$ $\frac{12}{4} = \square$

$\frac{11}{2} = \square$ $\frac{9}{4} = \square$ $\frac{12}{2} = \square$ $\frac{16}{4} = \square$

58

Graphs

A   Packets of crisps sold by class 4

Monday	CRISPS CRISPS CRISPS CRISPS CRISPS CRISPS CRISPS CRISPS CRISPS CRISPS CRISPS CRISPS
Tuesday	CRISPS CRISPS CRISPS CRISPS CRISPS CRISPS CRISPS CRISPS
Wednesday	CRISPS CRISPS CRISPS CRISPS CRISPS CRISPS
Thursday	CRISPS CRISPS CRISPS CRISPS
Friday	CRISPS CRISPS CRISPS CRISPS CRISPS CRISPS CRISPS CRISPS CRISPS CRISPS CRISPS CRISPS CRISPS

1 How many packets were sold on Tuesday?
2 On which day were 13 packets sold?
3 On which day were the smallest number sold?
4 How many more crisps were sold on Monday than Wednesday?
5 How many crisps were sold altogether in the week?

B   Children absent from class 6

Monday	👤 👤 👤 👤 👤 👤 👤
Tuesday	👤 👤 👤 👤 👤
Wednesday	👤 👤 👤
Thursday	👤 👤 👤 👤
Friday	👤 👤 👤 👤 👤 👤 👤 👤 👤

1 How many children were absent from class 6 on
  a Monday?   b Wednesday?
2 On which day were 9 children absent?
3 How many children were absent altogether in the week?
4 If there are 35 children altogether in the class, find how many children
  were in class each day.
  Monday   Tuesday   Wednesday
  Thursday   Friday

Graphs

A Mark's stars

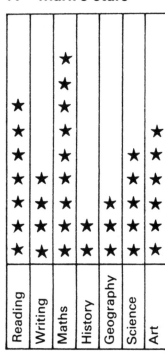

1 What was Mark's best subject?

2 He got ☐ stars for Science.

3 In which subject did he get least stars?

4 How many stars altogether for Reading and Writing?

5 How many more stars for Geography than History?

6 How many stars altogether?

B Shoe sizes

1 How many children have size 10 shoes?

2 Which shoe size do most children have?

3 Which shoe size do least children have?

4 How many children take size 11?

5 In which shoe size are there 5 children?

6 How many more have size 11 than size 1?

7 How many fewer have size 13 than size 10?

8 How many children in the class?

Graphs

A Favourite cars

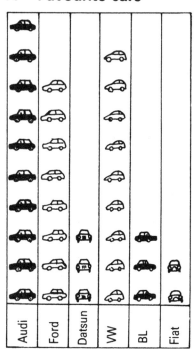

1 Which two cars are equally popular?
2 How many children like Fiats?
3 Which is the most popular car?
4 How many like Ford and Fiat altogether?
5 Which three cars when added are equal to the number of Ford cars?
6 How much more popular is the Audi than the BL?
7 Which is the least popular car?
8 Give the total number of cars for Ford, Datsun and VW.

B Pets

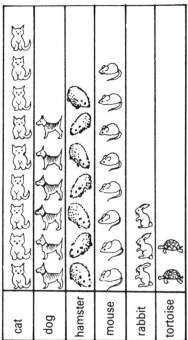

1 How many children have a dog?
2 Which pet do only 2 children have?
3 How many more children have a mouse than a rabbit?
4 What is the difference in number between those with cats and those with tortoises?
5 Which pet is three times as popular as the rabbit?
6 How many children in the class keep a pet?

Length

A Write down the length of these objects in centimetres.

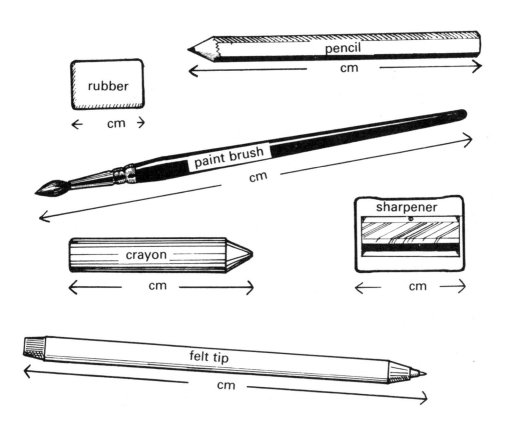

B 1 How much longer is the pencil than the rubber?

2 How much longer is the felt tip than the sharpener?

3 How many rubbers will measure the length of a paint brush?

4 How many times longer is the pencil than the rubber?

5 The difference in the length of the felt tip and the pencil is equal to the length of the _____ .

6 The length of the _____ added to the length of the _____ equals the length of the crayon.

7 What is the difference in length of the felt tip and the crayon?

C Draw lines of the following lengths

5 cm	9 cm	12 cm	7 cm
15 cm	13 cm	8 cm	10 cm

Length

A Write down the lengths of these lines in cm and $\frac{1}{2}$ cm.

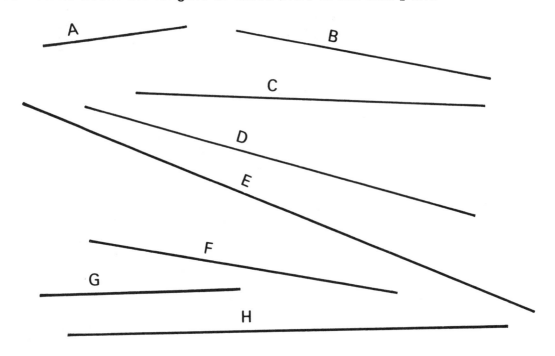

B What is the difference in length between
1 lines B and A?   2 lines D and E?
3 lines F and G?   4 lines C and H?
5 lines B and G?   6 lines H and A?

C What is the total length of lines
1 A and B?   2 G and F?   3 A and D?
4 G and C?   5 C and A?   6 E and H?
7 How many times longer is line H than line A?
8 Which two lines when added together are the same length as line D?

D Draw lines of the following lengths
$3\frac{1}{2}$ cm $6\frac{1}{2}$ cm $10\frac{1}{2}$ cm $4\frac{1}{2}$ cm
$2\frac{1}{2}$ cm $12\frac{1}{2}$ cm $8\frac{1}{2}$ cm $16\frac{1}{2}$ cm

Mass

 100 g   50 g   20 g   10 g

A 1 How many 50 g weights equal 100 g?
2 How many 20 g weights equal 100 g?
3 How many 10 g weights equal 100 g?
4 How many 10 g weights equal 20 g?
5 How many 10 g weights equal 50 g?

B Write down the weights you would use to weigh

70 g	120 g	80 g	60 g	150 g
30 g	110 g	180 g	170 g	160 g

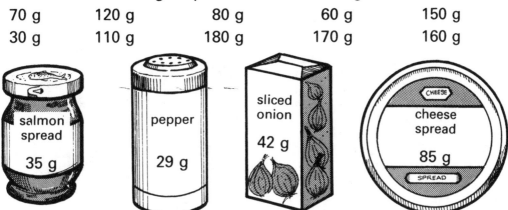

salmon spread 35 g — pepper 29 g — sliced onion 42 g — cheese spread 85 g

C 1 Which item weighs the most?
2 What do the following weigh
2 jars of salmon spread?
3 drums of pepper?
2 packets of sliced onion?
1 drum of pepper and 1 packet of sliced onion?
1 salmon spread and 1 drum of pepper?

D What is the difference in weight between
1 A carton of cheese spread and a drum of pepper?
2 A packet of sliced onion and a jar of salmon spread?

Mass

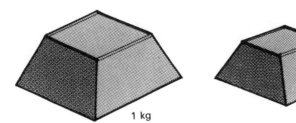

1 kg 500 g

200 g

A How many

500 g weights in 1 kg?   200 g weights in 1 kg?
100 g weights in 1 kg?   50 g weights in 1 kg?
 20 g weights in 1 kg?   10 g weights in 1 kg?

B Write down the weights you would use to weigh

320 g   250 g   350 g   600 g   650 g
710 g   780 g   850 g   800 g   260 g

jelly 140 g

peas 280 g

jam 450 g

biscuits 200 g

butter 227 g

C 1 Which item weighs the most?
   2 Which item weighs the same as 2 jellies?
   3 How much is the butter heavier than the biscuits?
   4 What is the total weight of a jar of jam, a packet of biscuits and a jelly?
   5 What is the weight of 3 packets of biscuits?

D 1 Which is heavier — a packet of butter and a jelly or a packet of biscuits and a can of peas?
   2 How much heavier are 2 packets of butter than a jar of jam?
   3 How many packets of biscuits would weigh 1 kg?

Answers

Page 2 Addition
A 2, 5, 4, 5, 5;   6, 1, 7, 4, 7;   6, 3, 9, 2, 5;   6, 8, 8, 7, 8;
9, 8, 3, 9, 9;   9, 9, 9, 8, 4;   8, 5, 9, 6, 7
B 2, 3, 1, 4, 2, 3;   5, 4, 3, 4, 5, 6;   7, 6, 8, 5, 7, 9;
9, 7, 7, 8, 9, 8;   7, 9, 8, 8, 6, 9
C 3, 8, 7;   9, 6, 7;   9, 8, 5;   8, 9, 7;   4, 9, 4

Page 3 Addition
A 35, 47, 59, 67, 76;   56, 79, 48, 59, 50;   58, 49, 47, 86, 84;   89, 68, 76, 89, 98
B 37, 57, 67;   56, 21, 60;   49, 69, 88;   88, 47, 99;   99, 23, 77;   66, 88, 78
C 23, 39, 26;   59, 50, 98;   38, 98, 80;   79, 87, 78

Page 4 Addition
A 11, 11, 13, 12, 11;   12, 12, 14, 11, 17;   15, 13, 12, 16, 16;
14, 14, 15, 14, 16;   10, 13, 11, 15, 18
B 11, 13, 14, 11, 14, 11;   16, 15, 13, 12, 12, 10
C 14, 17, 11;   15, 16, 19;   18, 13, 18;   12, 19, 17
D 16, 15, 16, 17, 19, 16;   19, 17, 17, 17, 19, 16

Page 5 Addition
A 31, 22, 41, 31, 44;   42, 56, 63, 77, 34;   51, 65, 83, 33, 94;   20, 30, 60, 72, 95
B 41, 42, 30, 45, 37;   62, 60, 62, 73, 75;   94, 62, 90, 84, 97
C 32, 36, 46;   34, 42, 51
D 33, 51, 65;   52, 63, 65

Page 6 Addition
A 31, 20, 27;   40, 33, 30;   43, 40, 32;   30, 52, 52;
43, 34, 40;   53, 61, 70;   65, 90, 66
B 40, 42, 44;   48, 66, 72;   40, 63, 50;   52, 62, 50;   67, 85, 94;   90, 76, 84
C 38, ·50, 40;   21, 45, 80;   64, 55, 70;   84
D 30, 55, 90;   76, 67, 70, 73

Page 7 Addition
A 37, 43, 42, 38, 49;   37, 35, 27, 39, 49
B 31, 41, 50, 42, 50;   31, 34, 40, 54, 61
C 54, 65, 57, 67, 68
D 54, 81, 94, 90, 71
E 65, 91, 75, 80, 90

Page 8 Subtraction
A 3, 3, 4, 4, 7;   7, 2, 5, 4, 0;   3, 2, 5, 1, 9;   1, 4, 5, 2, 3
B 1, 2, 2, 4, 0, 1;   9, 4, 5, 7, 0, 3;   3, 1, 7, 2, 6, 1
C 1, 5, 1;   5, 2, 5;   9, 8, 1;   6, 3, 6
D 3, 8;   6, 5;   0, 4;   3, 2;   5, 4

Page 9 Subtraction
A 23, 32, 12, 22, 34, 32;   20, 10, 22, 45, 30, 53
B 11, 34, 21, 41, 54, 44;   20, 20, 22, 7, 10, 16
C 12, 24, 31;   32, 45, 54
D 21, 32, 47;   10, 10, 22
E 23, 33;   20, 26;   30, 22;   20, 11;   60, 20;   21, 50

Page 10 Subtraction
A 3, 7, 7, 7, 9;   8, 8, 9, 5, 9
B 7, 6, 8, 5, 8, 4;   5, 6, 8, 7, 4, 9
C 4, 6, 3, 2, 4, 5
D 12, 12, 16, 16, 13, 13;   18, 14, 11, 17, 12, 15
E 9, 5, 8;   5, 4, 9
F 8, 4, 9;   4, 6, 12;   8, 5, 14;   25, 18, 20

Page 11 Subtraction
A 19, 17, 17, 17, 15, 18;   26, 26, 28, 28, 28, 27;
36, 38, 37, 37, 39, 39;   46, 18, 28, 48, 34, 59
B 19, 17, 19;   18, 17, 18;   27, 28, 29;   29, 28, 29;   39, 38, 34;   38, 38, 39
C 18, 18, 69, 35, 39, 56, 26, 23

Page 12 Multiplication
A 2, 4, 6;   8, 10, 12;   14, 16, 18;   20, 22, 24
B 3, 5, 7;   6, 1, 10;   12, 8, 11
C 4, 12, 16;   20, 2, 10;   24, 22, 14
D 24, 28, 20, 26, 22;   42, 64, 86, 40, 48
E 30, 34, 32, 38, 36
F 12, 18;   10, 14;   22, 16;   8, 6;   20, 24

Page 13 Multiplication
A 3, 6, 9;   12, 15, 18;   21, 24, 27;   30, 33, 36
B 3, 7, 5;   10, 1, 6;   8, 12, 11
C 12, 24, 6;   36, 3, 15;   33, 21, 30
D 33, 39, 60, 36, 90;   63, 69, 96, 66, 99
E 45, 54, 72, 57, 81
F 21, 18;   27, 36;   24, 9;   15, 12;   33, 0

Page 14 Multiplication
A 4, 8, 12;   16, 20, 24;   28, 32, 36;   40, 44, 48
B 4, 8, 3;   11, 12, 1;   5, 2, 7
C 12, 4, 20;   28, 44, 8;   48, 32, 24
D 44, 84, 48, 80, 88
E 52, 64, 72, 92, 76
F 28, 12, 24, 36, 32, 48;   20, 12, 28, 44, 16, 40

Page 15 Multiplication
A 5, 10, 15;   20, 25, 30;   35, 40, 45;   50, 55, 60
B 5, 10, 2;   1, 6, 11;   12, 8, 7
C 10, 50, 5;   40, 15, 60;   35, 45, 20
D 35, 20, 45, 15, 30, 10, 40, 25
E 50, 55, 90, 80, 60;   65, 75, 85, 70, 95
F 35, 25, 45, 60, 40, 55, 20;   50, 15, 30

Page 16 Multiplication
A 6, 12, 18;   24, 30, 36;   42, 48, 54;   60, 66, 72
B 3, 8, 2;   12, 5, 6;   7, 11, 10
C 24, 42, 6;   60, 72, 30;   36, 12, 18
D 54, 24, 36, 18, 42, 12, 30, 48
E 60, 90, 66, 78, 96, 84, 72
F 42, 48, 72, 54, 30;   66, 36, 60, 24, 12, 66

Page 17 Division

A 1, 2, 3;   4, 5, 6;   7, 8, 9;   10, 11, 12

B 6, 8, 4;   20, 12, 24;   10, 22, 14

C 4, 7, 10, 3, 5;   8, 12, 6, 9, 11

D 13, 21, 23, 14, 22;   31, 42, 44, 33, 30

E 18, 26, 19, 28, 37;   38, 49, 27, 17, 46

F 17 r 1, 19 r 1, 18 r 1, 26 r 1, 37 r 1;   46 r 1, 38 r 1, 48 r 1, 28 r 1, 36 r 1

G 6, 10, 8, 12, 9 sweets each

Page 18 Division

A 1, 2, 3;   4, 5, 6;   7, 8, 9;   10, 11, 12

B 9, 33, 27;   24, 18, 12;   36, 6, 21

C 2, 4, 7, 11, 1;   6, 12, 3, 5, 8

D 13, 21, 32, 23, 30

E 14, 16, 15, 17, 19;   18, 24, 26, 25, 27

F 8 r 1, 11 r 1, 12 r 1, 14 r 1, 15 r 1;   19 r 1, 17 r 1, 19 r 2, 13 r 2, 16 r 1

G 5, 7, 6, 12, 9 marbles each

Page 19 Division

A 1, 2, 3;   4, 5, 6;   7, 8, 9;   10, 11, 12

B 8, 20, 4;   24, 32, 12;   48, 16, 28

C 2, 6, 1, 7, 9;   4, 5, 10, 3, 8

D 11, 12, 22, 21, 20

E 7 r 1, 9 r 1, 5 r 3, 9 r 3, 8 r 1;   9 r 2, 6 r 3, 11 r 3, 7 r 2, 6 r 1

F 11 r 1, 12 r 1, 12 r 2, 13 r 1, 14 r 1;   15 r 1, 16 r 2, 17 r 2, 18 r 3, 19 r 2

G 6, 9, 7, 11 chocolates each

Page 20 Division

A 1, 2, 3;   4, 5, 6;   7, 8, 9;   10, 11, 12

B 15, 25, 10;   35, 45, 30;   60, 20, 40

C 2, 9, 4, 7, 11;   6, 1, 12, 5, 8;   13, 16, 14, 17, 18

D 13, 16, 14, 17, 18

E 12 r 1, 8 r 2, 7 r 4, 12 r 3, 9 r 3;   7 r 2, 9 r 2, 12 r 4, 8 r 4, 5 r 3

F 14 r 1, 13 r 1, 18 r 4, 15 r 1, 13 r 4;   15 r 3, 16 r 3, 19 r 2, 17 r 3, 14 r 2

G 9, 6, 12, 7 toys each

Page 21 Division

A 1, 2, 3;   4, 5, 6;   7, 8, 9;   10, 11, 12

B 66, 54, 24;   36, 72, 60;   48, 42, 30

C 3, 5, 7, 9, 10;   2, 4, 1, 12, 6

D 1 r 1, 2 r 1, 5 r 1, 4 r 1, 7 r 1;

E 2 r 2, 6 r 2, 9 r 3, 3 r 2, 7 r 3;   4 r 3, 6 r 5, 8 r 5, 5 r 4, 3 r 1

F 11 r 1, 11 r 4, 12 r 1, 12 r 5, 13 r 1;   14, 14 r 3, 15, 15 r 3, 16 r 3

G 8, 7, 9, 12 crayons each

Page 22 Money

7p, 8p, 10p, 13p, 16p, 39p, 43p, 37p, 77p, 46p, 44p, 69p, 41p

Page 23 Money

70p, 75p, 95p, 68p, 81p, 86p, 90p, 94p, 93p, 84p, 85p, 72p, 93p, 90p

Page 24 Money

A 1 5p, 2p, 1p   **2** 20p, 10p, 2p   **3** 10p, 2p   **4** 20p, 20p, 5p   **5** 20p, 10p

6 20p, 10p, 5p   **7** 20p, 2p, 1p   **8** 20p, 5p, 2p, 1p   **9** 5p, 2p   **10** 10p, 5p, 2p, 2p

11 10p, 5p, 1p   **12** 20p, 5p, 1p

B 1 50p, 10p, 5p   **2** 50p, 20p, 2p, 2p   **3** 50p, 2p, 1p   **4** 50p, 20p, 10p, 2p, 1p
5 50p, 2p   **6** 50p, 5p, 2p, 1p   **7** 50p, 10p, 5p, 2p, 2p   **8** 50p, 10p, 5p, 2p
9 50p, 10p, 2p, 2p   **10** 50p, 20p, 10p, 2p, 2p   **11** 50p, 20p, 2p, 1p
12 50p, 20p, 20p, 2p

Page 25 Money

40p + **10p**;   30p + **20p**;   35p + **5p, 5p, 5p**;   45p + **5p**;   20p + **10p, 10p, 10p**;
35p + **10p, 5p**;   45p + **2p, 2p, 1p**;   30p + **5p, 5p, 5p, 5p**;   25p + **20p, 5p**;
40p + **5p, 5p**;   28p + **10p, 10p, 2p**;   37p + **10p, 2p, 1p**;   20p + **10p, 10p, 5p, 5p**;   31p + **10p, 5p, 2p, 2p**

Page 26 Money

A 8p, 6p, 9p, 9p
B 12p, 15p, 15p, 13p
C 21p, 21p, 21p, 22p, 26p, 27p
D 43p, 54p, 53p, 73p, 64p, 83p
E 55p, 65p, 70p, 93p, 58p, 77p
F 60p, 81p, 94p, 91p, 80p, 91p
G 69p, 61p, 90p, 81p, 80p, 89p
H 60p, 68p, 79p, 75p

Page 27 Money

A 21p, 28p, 57p, 62p;   77p, 32p, 31p, 21p;   40p, 98p, 83p, 92p
B 63p, 53p, 73p, 57p;   49p, 92p, 80p, 67p;   91p, 62p, 63p, 81p
C 75p, 77p, 79p;   48p, 98p, 96p;   79p, 86p, 97p;   98p, 75p, 81p
D 41p, 69p, 72p;   78p, 66p, 83p;   70p, 87p, 83p;   70p, 54p, 97p
E 22p, 91p, 78p, 73p

Page 28 Money

A 2p, 4p, 7p, 3p;   5p, 3p, 5p, 4p
B 5p, 5p, 7p, 3p;   3p, 6p, 3p, 5p
C 4p, 11p, 13p, 22p, 5p, 32p;   13p, 25p, 23p, 32p, 35p, 56p
D 6p, 3p, 8p, 9p, 7p, 4p
E 3p, 8p, 7p, 7p, 7p, 9p
F 17p, 28p, 38p, 37p, 34p, 27p
G 23p, 19p, 27p

Page 29 Money

A 7p, 7p, 9p;   9p, 10p, 8p;   9p, 9p, 6p;   10p, 9p, 9p
B 17p, 32p, 49p, 20p;   31p, 19p, 60p, 16p;   37p, 78p, 47p, 37p
C 9p, 13p, 26p, 21p;   4p, 28p, 3p, 18p;   16p, 14p, 24p, 7p
D 59p, 38p, 15p, 16p;   7p, 7p, 26p, 27p;   8p, 16p, 1p, 18p
E 59, 70, 93;   82, 80, 67
F 13p, 8p, 14p

Page 30 Money

A 6p, 20p, 10p;   40p, 12p, 30p;   16p, 70p, 80p
B 50p, 85p;   18p, 20p;   30p, 57p;   28p, 98p;   50p, 60p;   50p, 70p
C 12p = **1** ten, **1** two   13p = **1** ten, **3** pence;   20p = **2** tens   19p = **7** twos, 5 pence;
28p = **2** tens, **4** twos   29p = **2** twos, **5** fives;
16p = **3** fives, **1** pence   26p = **5** fives, **1** pence;
18p = **1** ten, **4** twos   34p = **3** tens, **2** twos;
17p = **3** fives, 2 pence   47p = **9** fives, **2** pence;

32p = **3** tens, **1** two   65p = **3** twenties, **1** five;
40p = **2** twenties   37p = **7** fives, **2** pence;
50p = **2** twenties, 2 fives   70p = **3** twenties, 5 twos

Page 31 Money
A 10p, 18p, 16p, 36p, 24p, 30p;   24p, 32p, 45p, 21p, 54p, 28p
B 24p, 42p, 32p, 48p, 36p, 52p;   54p, 78p, 75p, 96p, 92p, 95p
C 24p, 44p, 45p, 26p;   48p, 60p, 36p, 68p;   96p, 84p, 76p, 68p;   57p, 70p, 63p, 80p
D 56p, 24p, 20p, 75p, 72p, 85p, 80p, 70p

Page 32 Money
A 2, 6, 8, 4, 10, 3;   5, 11, 7, 12, 9, 15
B 2, 4, 7, 5, 8, 10
C 5p, 7p, 10p, 4p, 6p;   4p, 8p, 5p, 7p, 5p;   9p, 8p, 6p, 9p, 7p
D 11p, 11p, 13p, 12p, 20;   11p, 11p, 13p, 12p, 11p
E 12, 10, 9p, 9p, 8, 16p, 14p, 12

Page 33 Money
A 17p, 14p, 13p, 13p, 12p;   19p, 16p, 14p, 13p, 18p
B 17p, 14p, 36p, 25p, 24p;   24p, 28p, 27p, 29p, 23p
C 18p, 16p, 18p, 16p, 14p;   19p, 13p, 17p, 38p, 26p
D 41p, 27p;   19p, 37p;   19p, 15p;   48p, 19p;   9p, 22p
E 14p, 13p, 15p, 42p, 23

Page 34 Money
A 16p, 8p, 5p, 11p;   15p, 10p, 6p, 9p;   3p, 14p, 5p, 13p
B 24p, 17p, 14p, 9p;   26p, 18p, 13p, 8p;   12p, 7p, 11p, 4p
C 32p, 27p, 15p, 9p;   34p, 29p, 13p, 8p;   23p, 11p, 21p, 12p
D 13p, 5p, 3p;   11p, 9p, 5p;   7p, 5p
E 9p, 3p, 4p;   9p, 9p, 3p;   5p, 10p
F 3p, 22p, 8p, 14p

Page 35 Money
A **1** 25p **2** 25p **3** 12p **4** 17p **5** 35p **6** 14p
B **1** 34p **2** 27p **3** 12p **4** 25p **5** 24p **6** 32p **7** 46p **8** 35p
C **1a** 14p **b** 15p (**b** dearer by 1p) **2** 5p

Page 36 Money
A **1** 38p **2** 27p **3** 33p **4** 41p **5** 45p **6** 42p **7** 43p **8** 48p
B **1** 4p **2** 8p **3** 14p **4** 10p **5** 44p **6** 2p **7** 20p **8** 40p

Page 37 Money
A **1** 57p **2** 44p **3** 86p **4** 59p **5** 87p **6** 56p
B **1** 66p **2** 72p **3** 64p **4** 81p **5** 70p **6** 84p **7** 96p **8** 54p

Page 38 Money
A **1** 65p **2** 68p **3** 88p **4** 78p **5** 35p **6** 68p **7** 79p **8** 73p
B **1** 46p **2** 30p **3** 12p **4** 52p **5** 4p **6** 34p **7** 40p **8** 16p
9 37p **10** 19p **11** 36p **12** 36p

Page 39 Time
A 2 o'clock, 8 o'clock, 7 o'clock, 3 o'clock
B Check your child's clocks show the correct times.
C 11 o'clock, 4 o'clock, 10 o'clock, 12 o'clock
D 10 o'clock, 2 o'clock, 6 o'clock, 1 o'clock
E 2 o'clock, 5 o'clock, 1 o'clock, 4 o'clock

Page 40 Time

A $\frac{1}{2}$ past 8, $\frac{1}{2}$ past 1, $\frac{1}{2}$ past 11, $\frac{1}{2}$ past 4
B Check your child's clocks show the correct times.
C $\frac{1}{2}$ past 10, 8 o'clock, $\frac{1}{2}$ past 3, 11 o'clock
D 5 o'clock, 8 o'clock, 1 o'clock, 10 o'clock; $\frac{1}{2}$ past 7, $\frac{1}{2}$ past 3, $\frac{1}{2}$ past 8, $\frac{1}{2}$ past 2
E $\frac{1}{2}$ past 1, $\frac{1}{2}$ past 4, $\frac{1}{2}$ past 8, $\frac{1}{2}$ past 11; 3 o'clock, 11 o'clock, 2 o'clock, 6 o'clock

Page 41 Time

A $\frac{1}{4}$ past 5, $\frac{1}{4}$ to 4, $\frac{1}{4}$ past 1, $\frac{1}{4}$ to 12; $\frac{1}{4}$ to 1, $\frac{1}{4}$ to 7, $\frac{1}{4}$ past 7, $\frac{1}{4}$ past 11
B Check that your child's clocks show the correct times.
C 1 $1\frac{1}{4}$ h **2** $4\frac{1}{4}$ h **3** $5\frac{3}{4}$ h **4** 3 h **5** $4\frac{1}{2}$ h **6** $1\frac{1}{2}$ h

Page 42 Time

A 6 o'clock, $\frac{1}{4}$ to 6, $\frac{1}{4}$ past 4, 9 o'clock, $\frac{1}{2}$ past 3; $\frac{1}{4}$ to 2, $\frac{1}{2}$ past 8, 3 o'clock, $\frac{1}{4}$ past 6, $\frac{1}{2}$ past 12
B 1 7 h **2** $1\frac{1}{2}$ h **3** $3\frac{1}{4}$ h **4** $4\frac{3}{4}$ h **5** $3\frac{1}{4}$ h **6** $5\frac{1}{2}$ h **7** $1\frac{1}{2}$ h **8** $3\frac{3}{4}$ h **9** $2\frac{1}{4}$ h **10** $1\frac{3}{4}$ h

Page 43 Time

A 20 to 5, $\frac{1}{4}$ to 3, 5 to 10, 25 to 11, 10 to 7;
$\frac{1}{4}$ past 2, 10 past 12, 25 past 4, 5 past 3, 10 to 4
B Check that your child's clocks show the correct times.
C 1 15 min **2** 30 min **3** 15 min **4** 25 min **5** 20 min **6** 5 min **7** 25 min **8** 15 min **9** 20 min **10** 25 min **11** 20 min **12** 35 min

Page 44 Time

A 9 o'clock, $\frac{1}{4}$ to 11, $\frac{1}{2}$ past 2, 5 past 3, 2 o'clock;
$\frac{1}{4}$ to 7, $\frac{1}{4}$ past 10, $\frac{1}{4}$ to 5, 20 to 11, $\frac{1}{4}$ past 4;
$\frac{1}{2}$ past 7, 4 o'clock, 20 past 12, 10 past 6, $\frac{1}{2}$ past 10;
25 to 3, 25 past 9, $\frac{1}{4}$ to 12, $\frac{1}{4}$ past 9, 10 to 11
B Check that your child's clocks show the correct times.

Page 45 Time

1a Monday **b** Thursday **c** Saturday **2a** Monday **b** Tuesday **c** Friday
3 June, September, November **4** January, May, July, August, October, December
5 5 **6a** 18th **b** 12th **c** 23rd **7** 6th March **8** 2nd April **9** Sunday **10** April

Page 46 Addition

A 398, 898, 889, 988, 999; 899, 999, 989, 989, 989
B 97, 89, 97, 99, 98
C 785, 997, 799, 899, 889
D 148, 149, 178, 189, 199
E 399, 89, 997, 179, 597

Page 47 Addition

A 219, 249, 298, 289, 289
B 559, 796, 898, 788, 989
C 158, 149, 136, 189, 177; 148, 149, 175, 176, 199
D 799, 876, 987, 888, 895; 968, 998, 987, 887, 779

Page 48 Subtraction

A 113, 324, 323, 324, 341; 524, 143, 423, 555, 735
B 220, 230, 220, 420, 610
C 138, 219, 323, 218, 637
D 214, 128, 326, 524, 422; 429, 257, 215, 111, 343
E 33, 273, 53, 332, 281; 253, 323, 254, 212, 261

Page 49 Subtraction
A 229, 328, 319, 119, 219;   209, 219, 338, 227, 227
B 196, 194, 292, 295, 291;   485, 481, 287, 273, 173
C 189, 489, 289, 189, 389;   188, 288, 378, 279, 269
D 158, 165, 239, 222, 231;   47, 31, 158, 313, 426
E 219, 259, 249, 269, 228

Page 50 Multiplication
A 426, 996, 866, 939, 848;   555, 699, 884, 888, 686
B 404, 505, 903, 806, 408
C 212, 612, 412, 525, 414;   616, 824, 624, 545, 836;   814, 540, 924, 828, 610
D 1 327 **2** 810 **3** 432 **4** 921 **5** 654;
1 627 **2** 868 **3** 820 **4** 648 **5** 535

Page 51 Multiplication
A 856, 972, 852, 860, 978;   696, 674, 951, 642, 545
B 326, 855, 849, 648, 568;   708, 964, 786, 948, 905
C 536, 556, 795, 572, 774;   704, 765, 952, 885, 976;
864, 798, 996, 745, 598;   712, 867, 652, 775, 828

Page 52 Division
A 221, 121, 121, 111;   342, 212, 221, 111
B 51, 31, 62, 41;   41, 61, 61, 61;   81, 91, 71, 71
C 113, 116, 115, 119;   112, 216, 347, 318;   119, 129, 115, 116
D 142, 134, 176, 136;   149, 198, 129, 164;   153, 196, 287, 179
E 133 r 3, 187 r 1, 166 r 2, 248 r 1;   142 r 2, 158 r 4, 168 r 1, 179 r 3

Page 53 Division
A 208, 205, 204, 105;   208, 107, 309, 109;   407, 107, 208, 308
B 210, 130, 210, 110;   240, 320, 110, 120
C 200, 200, 200, 300;   100, 400, 300, 100
D 80, 160, 140, 120;   130, 160, 270, 160;   140, 150, 190, 390
E 101 r 1, 184, 453 r 1, 238;   160 r 3, 83 r 2, 399, 209 r 1

Page 54 Fractions
A 1, 3, 4, 6
B 1, 5, 6

Page 55 Fractions
A 1 $\frac{1}{2}$ 2 $\frac{1}{4}$ 3 $\frac{1}{2}$ 4 $\frac{3}{4}$ 5 $\frac{3}{4}$ 6 $\frac{1}{4}$ 7 $\frac{1}{2}$ 8 $\frac{1}{4}$
B 3 and 6
C 3 and 5

Page 56 Fractions
A 8, 4, 2, 6
B 12, 6, 3, 9
C 16, 8, 4, 12
D 1 24 **2** 10 **3** 8 **4** 16
E 1 12 **2** 5 **3** 6 **4** 2

Page 57 Fractions
A 1 2 **2** 3 **3** 5
B 8, 11, 7, 4, 10, 9, 12, 5
C 4, 6, 13
D 7, 9, 8, 14, 11, 12, 10, 16
E 1, 1, 1$\frac{1}{4}$;   2$\frac{1}{2}$, 1$\frac{1}{2}$, 1$\frac{3}{4}$;   2, 3$\frac{1}{2}$, 5, 4$\frac{1}{2}$;   2, 2$\frac{3}{4}$, 2$\frac{1}{4}$, 3;   5$\frac{1}{2}$, 2$\frac{1}{4}$, 6, 4

Page 58 Graphs

A 1 8 **2** Friday **3** Thursday **4** 6 **5** 43

B 1a 7 **b** 3 **2** Friday **3** 28 **4** 28, 30, 32, 31, 26

Page 59 Graphs

A 1 Maths **2** 5 **3** History **4** 11 **5** 1 **6** 36

B 1 6 **2** 12 **3** 1 **4** 8 **5** 13 **6** 5 **7** 1 **8** 32

Page 60 Graphs

A 1 Datsun, BL **2** 2 **3** Audi **4** 10 **5** Datsun, BL, Fiat **6** 7 **7** Fiat **8** 20

B 1 6 **2** tortoise **3** 5 **4** 7 **5** cat **6** 35

Page 61 Length

A rubber 2 cm, pencil 8 cm, paint brush 12 cm, crayon 5 cm, sharpener 3 cm
felt tip 11 cm

B 1 6 cm **2** 8 cm **3** 6 **4** 4 **5** sharpener **6** rubber, sharpener **7** 6 cm

C Check the length of your child's lines.

Page 62 Length

A A 4 cm B 7 cm C 9½ cm D 11 cm E 15 cm F 8½ cm G 5½ cm
H 12 cm

B 1 3 cm **2** 4 cm **3** 3 cm **4** 2 cm **5** 1 cm **6** 8 cm

C 1 11 cm **2** 14 cm **3** 15 cm **4** 15 cm **5** 13½ cm **6** 27 cm **7** 3 **8** A and B

D Check the length of your child's lines.

Page 63 Mass

A 1 2 **2** 5 **3** 10 **4** 2 **5** 5

B Check your child's weights, e.g. 70 g = **50 g + 20 g**, 120 g = **100 g + 20 g**,
80 g = **4 x 20 g**, 60 g = **50 g + 10 g**, 150 g = **100 g + 50 g**;
30 g = **20 g + 10 g**, 110 g = **100 g + 10 g**, 180 g = **100 g + 50 g + 20 g + 10 g**,
170 g = **100 g + 50 g + 20 g**, 160 g = **100 g + 3 x 20 g**

C 1 cheese spread **2** 70 g, 87 g, 84 g, 71 g, 64 g

D 1 56 g **2** 7 g

Page 64 Mass

A 2, 5, 10, 20, 50, 100

B Check your child's weights, e.g. 320 g = **200 g + 100 g + 20 g**,
250 g = **100 g + 100 g + 50 g**, 600 g = **500 g + 100 g**, 650 g = **500 g + 100 g + 50 g**,
710 g = **500 g + 200 g + 10 g**, 780 g = **500 g + 200 g + 50 g + 20 g + 10 g**,
850 = **500 g 200 g + 100 g + 50 g**, 800 = **500 g 200 g + 100 g**, 260 = **200 g + 50 g + 10 g**

C 1 jam **2** peas **3** 27 g **4** 790 g **5** 600 g

D 1 biscuits and peas **2** 4 g **3** 5